Esoterik

Herausgegeben von Gerhard Riemann

»*Kelten,* indogermanisches Volk in Westeuropa; im 8. Jahrhundert vor Christus im Oberrheingebiet nachgewiesen, seit dem 7. Jahrhundert in ganz Gallien; zogen im 6. Jahrhundert nach Spanien, im 5. Jahrhundert nach Britannien, im 4. Jahrhundert nach Italien, weiterhin nach Südrußland, in die Balkanländer, nach Griechenland, Anatolien. Keltisches Volksbrauchtum noch heute erhalten in der Bretagne, in Wales, Irland, Schottland.« So steht es zu lesen in *Meyers Enzyklopädischem Lexikon.* Daß es mehr zu erzählen gibt von unseren Vorfahren, belegt Martha Sills-Fuchs, eine der großen weisen Frauen unseres Jahrhunderts. Beim Lesen dieses Buches wird immer deutlicher, daß wir gut daran tun, wenn wir uns verlorengegangenes altes Wissen wieder bewußt machen.

Martha Sills-Fuchs ist im Waldviertel/Niederösterreich aufgewachsen. Nach dem Studium der Germanistik wurde sie zunächst Lehrerin. Sie arbeitete dann als Journalistin beim *Budapester Journal* und später beim *Morgenblatt* in Zagreb und für den *Observer.* Nach 1946 war sie im Rundfunk tätig. Martha Sills-Fuchs hat 20 Hörspiele und 3 Bücher verfaßt. Sie lebt in Wien.

Vollständige Taschenbuchausgabe
Droemersche Verlagsanstalt Th. Knaur Nachf., München
Lizenzausgabe mit freundlicher Genehmigung des
Dianus-Trikont Buchverlages GmbH, München

Fotografien auf S. 2, 3, 40, 81 und 143 von Gerhard Trumler,
auf S. 93 und 117 von Martha Sills-Fuchs
Umschlaggestaltung Dieter Bonhorst
Gesamtherstellung Ebner Ulm
Printed in Germany 5 4 3 2 1
ISBN 3-426-04143-X

Martha Sills-Fuchs:
Wiederkehr der Kelten

Mit acht Abbildungen

Knaur

Dem Andenken meines Vaters gewidmet

ISBN 3-426-04143-X 980

INHALT

Die Wahrheit kann warten,
sie stirbt nicht!

VORWORT

In auffallender, landschaftlich prächtiger Höhenlage, im alten Heidengau des oberen Waldviertels, erhebt sich in Weißenalbern ein dreistöckiger, massiver Baublock aus Granitbruchstein, umgeben von verfallenen Gräben und Mauerwerk, so als einstige Wehranlage kenntlich. Vielleicht war es vormals der Wehrturm eines sogenannten Einschildritters. Das Volk nannte dieses Bauwerk kurz „das Gmäu".

In diesem „Gmäu" stand ein kleines, sehr neugieriges Mädchen und sah einem Bauern zu, der den

Schutz des gedeckten Gebäudes benützte, um dort auf große, mittelblaue, sorgsam ausgebreitete Tücher verschiedene Samen auszuschütten: Hirse und Mohn, Leinsamen, Bohnen und Erbsen, jede Samenart getrennt und nicht allzuhoch angehäuft. Weil das Kind dieses Tun zum erstenmal sah, fragte es interessiert, warum der Bauer die Samen auf die blauen Tücher ausbreite? Geduldig gab der Mann die Antwort, daß jeder Samen, auf blaue Tücher ausgebreitet und trocken über den Winter gebracht, nach der Aussaat im Frühjahr 12 – 14 Tage früher ankeimen würde.

„Warum?“ fragte das Kind.

„Das ist so!“ erwiderte der Bauer.

Das erschien dem Kind wunderlich, irgendwie geheimnisvoll wie ein verborgener Zauber, und es eilte heim zur Mutter, die für alle seine Fragen immer offen war, um das Erlebte zu berichten. Die Mutter, selbst in ländlichem Bereich aufgewachsen, zeigte sich nicht erstaunt.

„Das ist allgemein bekannt“, sagte sie, „und alle machen es so.“

Man schrieb 1908, und längst hatte sich Vergessen über das damals Allbekannte gebreitet.

Das Kind gab sich mit dieser Antwort nicht zufrieden. Es wollte das ihm so plötzlich kundgetane Wissen erproben. Auf seine Bitte tat seine Mutter ihm den Gefallen; es würde sich in dem geräumigen Heimathaus ein Platz finden, wo man Samen auslegen konnte. Statt der blauen Tücher lieh sie von den Bauern blaue „Fürta“, das sind Arbeitsschürzen, welche die Bauern damals noch allgemein trugen. Im großen Garten fand sich eine Stelle, um auszuprobieren, was den Menschen des ländlichen Umraumes zwar selbstverständlich war, aber dieses lästig wißbegierige Kind unbedingt selbst erfahren wollte. Die Probe gelang, wie nicht anders zu erwarten gewesen war. Für abergläubische Spielereien hat der harte und von der Natur abhängige Bauer keine Zeit. Er denkt zudem so realistisch, daß er schnell aufgibt, was nichts bringt.

Dieses nun erprobte Wissen war dem Kinde nicht genug; es wollte nun auch noch erfahren, warum es blaue Tücher sein mußten; warum überhaupt die Bauern blaue Schürzen trügen und nicht praktischere braune oder graue, die, schmutzdeckend, viel besser zu deren unreiner Arbeit gepaßt hätten?

Darauf wußte die Mutter nur die Antwort, daß es hierzulande schon immer so gewesen sei, solange sie denken könne. Die Frage blieb unbeantwortet, aber lebendig durch einige Jahrzehnte, bis sie in ein anderes, länderweit umfassendes und lebensumgreifendes Wissen eingebettet werden konnte. Für das Kind wurde die augenblickliche Frage durch neue, eindrucksvollere Erlebnisse beiseite gedrängt. Es war aber, als ob das Kind wie durch einen Spalt in ein bisher verschlossenes Zimmer geschaut hätte, dessen Anziehung es nimmer losließ und wie ein untergründiges Ziel seinen Lebensweg mitbestimmte.

Viele Jahre später rastete eine junge, im Gebirge wandernde Lehrerin in einem alten, abseits gelegenen Bauernhof. Sie saß am Tisch in der sommerlich warmen Küche, in der die Bäuerin Geschirr spülte. Der Mann hielt auf der umlaufenden Holzbank seine Mittagsruhe. Die Geranien vor den Fenstern glühten ihr freudiges Rot in der Sonne, die Fliegen summten behaglich und satt. Das Mobiliar war einfach und zweckmäßig, altertümlich und gebraucht, was ihm Behaglichkeit und Lebendigkeit verlieh. Der lärchene Tisch war, wie die braunen Baumstämme der Wände, ohne Nägel, mit Holzdübeln gefügt. Er hatte zwei Tischladen, die seinem mächtigen Umfang entsprachen, der einem Dutzend rundum sitzender Menschen genügend Platz ließ.

Nach einer Weile kam eine alte Frau herein und öffnete die beiden Tischladen. In der einen lag der frische, angeschnittene Brotlaib, geformt in Fladen nach Landesbrauch, in der anderen die angebrauchten, zum Teil angeschimmelten Brotstücke. Diese sammelte die Alte in ihre Arbeitsschürze. Dann rief sie die draußen spielenden Kinder herein. Jedes Kind erhielt ein angeschimmeltes Brotstück. „Da! Iß! Schimmel ist gesund!"

Die Kinder gehorchten; nicht gerade freudig, aber sie schienen diese Prozedur gewöhnt zu sein und kauten, jedes an seinem Stück. Dann ging die alte Frau in den Stall, wie man mir sagte (denn ich war die rastende Lehrerin), um den Rest der angeschimmelten Brotstücke den Kälbern zu geben.

Schimmel ist gesund! Mit plötzlicher Klarheit stieg aus fernen Tagen in mir die Erinnerung an meine Kindheitszeit auf, die Jahre in den ländlichen Schulen der Marktflecken und kleinen Städtchen. Als Beamtenkind der k.u.k. Monarchie siedelte ich mit meinen Eltern öfter um.

In diese Schulen kamen aus der Umgebung die Bauernkinder herein. Wir verspotteten sie manchmal, weil sie mit verschimmeltem Brot als Zwischenmahlzeit zur Schule kamen. Sie antworteten stets gelassen, ja überlegen, in ruhiger Verteidigung:

„Schimmel ist gesund!“ Es entstand auch kein Gerede darüber. Die meisten Kinder akzeptierten das wie selbstverständlich.

Daran erinnerte ich mich jetzt, aber auch daran, daß ich vor wenigen Tagen, da ein Unwetter heraufzog, in einer Alpenhütte gerastet und dort über einen der größten Bergsteiger gelesen hatte — über Dr. Thyndall, einen Irländer. Dr. Thyndall hatte jahrelang in Deutschland gelebt und dort studiert. Er hat einem Schweizer Gipfel und einem berühmten Grat am Matterhorn seinen Namen gegeben. Im Jahre 1877 hatte er entdeckt, daß Schimmelpilze Bakterien töten. Man verlieh ihm das Ehrendoktorat der Universität Tübingen, denn er war in Neuland vorgedrungen, in jenes Neuland, in dem 1928 Dr. Fleming mit seinem Antibiotikum Penicillin fündig geworden war. Schimmelpilze töten Bakterien, und aus diesen Schimmelpilzen erstand das lebensrettende Penicillin. Mußten die Kinder hier deshalb Schimmelbrot essen? Gab es da Zusammenhänge?

Ein lächerlicher Gedanke!

Dr. Thyndall und Sir Alexander Fleming, beide große Wissenschaftler, die von der Welt geehrt wurden; jahrelang hatten sie in den Labors geforscht und gearbeitet, bevor sie ihre Resultate fanden — und hier das Wissen einer Alten, des Schreibens und Lesens Unkundigen, die nichts von Bakterien ahnte und doch Kenntnis der vorbeugenden Wirkung des Schimmels hatte. Nein, da konnte es keine Zusammenhänge geben!

Meine Frage wollte aber nicht verstummen! Woher kam das selbstverständliche Wissen über die Gesundheitshilfe des Schimmels, das den Bauernkindern der ländlichen Schulen wie angeboren war? Hatte ich es doch täglich an jenen Schulen erlebt, die wir gemeinsam besucht hatten!

Ungestillt in meiner Neugier, bin ich später diesem scheinbaren Zufall nachgegangen und habe in manchen, weit von einander entfernten Ländern die doppelten Tischladen und die Kenntnis von der vorbeugenden Wirkung des Schimmels gefunden. Woher kam diese Kenntnis abseits jeder Wissenschaft? Wer hatte sie erarbeitet und wie? Wer sie verbreitet und gehütet? Wer hatte die zahllosen Bauersleute überzeugt, daß Schimmel gesund sei, ohne Hilfe der damals noch nicht bestehenden Verbreitungsmedien? Eine Überzeugung, die sich die Bauern nicht nehmen ließen. Sie schwiegen, wenn sie deshalb verlacht wurden, blieben aber bei ihrer Überzeugung. Woher wußten sie um die Wirkung ihrer blauen Tücher und waren ihrer sicher durch vielfache Erprobung? War dies alles lächerlicher Aberglaube oder uralte Erfahrung, empirisches Wissen?

Die Ahnung, daß ich mit solchen Gedanken an der Pforte einer Überwelt stand, die wir einmal gekannt und dann vergessen haben, brachte mich zu dem Entschluß, diese Überwelt zu suchen. Ihre Aussage hieß es zu bewahren, wieder zu entdecken galt es, was verlorengegangen war, damit nicht mit dem Aussterben der Wenigen, die noch einiges davon wußten, diese Welt verstummen und damit einzigartiges Wissensgut untergehen würde. Nicht forschen wollte ich im Sinne der Wissenschaft, sondern bisher Unbeachtetes kennen und begreifen lernen, abrunden und deuten. Das Einfache ist nie Sache des klügelnden Verstandes gewesen. Seine Sprache zu verstehen war ich bereit, denn im Einfachen wohnt die Wahrheit.

Ich faßte diesen Entschluß zum Zeitpunkt meines eben Erwachsenseins, da ich die schmerzende Einsamkeit des Individuums zu begreifen begann, aber auch die Geborgenheit im beglückenden Strom gemeinsamen Wissens. Im Augenblick des Entschlusses war alles Glück und aller Schmerz des Lebens in mir, ausgeleuchtet wie ein klarer Sommermorgen, in den man hineinwandert. Es war ein entscheidender, ja leidenschaftlicher Impuls.

Die folgenden Jahre verbrachte ich, soweit es mein Beruf zuließ, auf Reisen und Wanderungen im Gebiet der österreichischen alten Monarchie, durch Ungarn, durch die gesamten Alpenländer, in Irland und England, in Nordwest- und Mittelfrankreich, in den Nord- und Südpyrenäen, auf dem Balkan und in der westlichen Türkei. Dabei ging ich nicht den Spuren alter Kulturen nach, sondern war auf der Suche nach Volksweisheiten der Kelten, nach dem Urgrund ihres Wesens.

Ich saß, wohnte und lebte in Bauernhäusern, Hirtenhütten, bei ländlichen Heilkundigen und Kräutersammlern. Ich fragte, ließ mir erzählen, erschaute und erfuhr. Die verschiedenen Muttersprachen wurden nie zum Hindernis für unsere Verständigung: Die Gespräche kreisten ja um das vertraute Umfeld und das tägliche Leben der Befragten. In überraschender Weise verstanden diese einfachen Menschen, daß ich ihnen mit Achtung und Respekt begegnete, und so gewann ich ihr Vertrauen und die Schätze ihrer Weisheiten.

Während dieser Zeit häufte ich reichlich Erlebnis- und Sammelmaterial an.

Schon bei der ersten Durchsicht bestätigte sich,

was mir während des Sammelns immer wieder aufgefallen war: Alle diese Weisheiten und die aus ihnen hervorgegangenen Bräuche zeigten eine große Ähnlichkeit zueinander, wenn auch in verschiedenem Gewand, manchmal von germanischem, später christlichem Gedankengut überlagert und durchsetzt. Die Übereinstimmung war groß, auch in weit voneinander entfernten Ländern. So wurde mir beispielsweise das – von vielen Leuten als notwendig bezeichnete – Zusammenleben von Bienen und Menschen unter einem Dach in Irland, Oberösterreich und Bosnien mit den gleichen Worten, Gebräuchen und Überlieferungen begründet.

Ich mußte nach den sich immer wiederholenden Ähnlichkeiten der Aussagen zu dem Schluß kommen, daß ein einziges Volk diese Weisheiten gesammelt und weitergegeben hatte. Dieses Volk mußte sich in den eben genannten Ländern, auch darüber hinaus, bewegt haben oder ansässig gewesen sein. Jedenfalls hinterließ es, wo immer es gewesen war, tiefgreifende geistige Prägungen bei jedem Gast – oder unterworfenem Volk, ja, vielleicht auch bei Siegern; eine Weltschau besonderer Art. Diese Weltschau gründete sich nicht auf Philosophie, sondern auf handfeste Regeln, die alle Lebensbereiche betrafen: eine Art Gesundheitsvorsorge im weitesten Sinne. Ihr Antrieb war ein erkennbarer, wilder, beinahe leidenschaftlicher Drang zu leben, zu überleben, hinaufzuleben, wenn dieser Ausdruck, der sich im Lauf der Arbeit herausgebildet hat, gestattet ist.

Diese Gesundheitsvorsorge war in ihrer Vielfalt und ihrer Geschlossenheit, wie man nach Durchsehen und Erfassen des Materials zugeben mußte, eine Kulturleistung allerersten Ranges. Jahrhunderte, ja vielleicht Jahrtausende mußten vergangen sein, bis solche umfassenden Kenntnisse erworben, erprobt und ihre Verbreitung vollzogen war. Verbreitet durch welche Medien? Nur durch das Wort, die Weitersage im Fluß der Generationen? Gab es Lehrer? Wurden sie gelehrt?

Das Erstaunliche stellte sich heraus: Es gab und gibt keine schriftlichen Aufzeichnungen über diese wirkungsvolle Gesundheitsvorsorge. Man zeigte mir bei meinen Nachforschungen einmal als schriftliches Zeugnis eine Ritzzeichnung in einem Stein, der bei Verbesserungsarbeiten an einer kleinen Gebirgsstraße in den Pyrenäen gefunden worden war. Die Zeichnung zeigte eine in Stein geritzte, sonderbare Szene: ein Widder griff frontal einen Stier an. Was sollte sie bedeuten? Ich verstand diese Aussage nicht und begriff nicht, daß hier eine Schicksalsstunde, für ein Volk durch die Zeichen der Gestirne verkündet, aufgezeichnet war. Jedenfalls war die Suche nach schriftlichen Aufzeichnungen vergebens. Es fanden sich keine.

Wenn man also annimmt, daß ein einziges Volk Träger dieser Weisheiten gewesen war, warum hatte es, seinem Kulturgrad entsprechend, dann keine Schrift entwickelt? Was war der Grund, daß es ablehnte, seine Kenntnisse niederzuschreiben? War es Ehrfurcht oder Angst vor der elementaren, schöpferischen, ja magischen Kraft eines Schriftzeichens, wie man es auch von manchen Einwohnern südamerikanischer Hochkulturen annimmt? Diese Haltung allein schon würde alle Bemühungen, den Spuren dieses Volkes nachzugehen, rechtfertigen.

Tatsächlich gibt es oder gab es ein europäisches Volk, das keine Schrift besaß, dessen weise Führer ihre Schüler alle Weisheiten auswendig lernen ließen, ihnen aber streng verbaten, sie niederzuschreiben.

Dieses Volk waren die Kelten.

KAPITEL I

BLICK ZUM HIMMEL

Wenn wir die Kalenderangaben, jene rätselhaften, umstrittenen steinernen Zeichen auf dem Sonnentor von Tihuannaku, einem Kalenderstein auf dem Altiplano Südamerikas, als richtig annehmen, dann dürfen wir schließen, daß die frühen Völker dort in ihrer Hochkultur nicht nur das kleine, zwölfmonatige, sondern auch das große, 25.827 Jahre dauernde große Sonnenjahr errechnet haben. Innerhalb dieser langen Zeit durchmißt die Sonne langsam jedes einzelne Tierkreiszeichen etwa zweitausend Jahre lang, eines hinter dem anderen, in unaufhörlicher Zeitenfolge. Jedem Sonnengang durch ein bestimmtes Tierkreiszeichen ordneten die alten Völker auch Entwicklungen auf der Erde zu, die sich in diesem Zeitraum auf besonders gekennzeichnete Art vollzogen, einen Höhepunkt erreichten und mit dem untergehenden Tierkreiszeichen erschwachten und allmählich verschwanden.

Sie schufen so ein Wissen, das von den Inkas, Chinesen, Ägyptern, Völkern des Zweistromlandes und anderen erkannt, anerkannt und verwendet wurde: die Astrologie. Sie hat in unseren Wissenschaften noch nicht den Platz gefunden, den ihr das allgemeine Interesse gerne zubilligen würde. Jedenfalls scheint es sicher, daß es begabte Völker waren, imstande, die Sternzeichen richtig zu errechnen, fähig, sich dem aufsteigenden Sternzeichen zuzuordnen und es als führend für ihr Leben und Wirken zu beachten. Diesen Völkern ist dann die Gestaltung des betreffenden Kulturabschnittes der Menschheit gelungen.

Wieviele Millionen Jahre die Lernzeit des Menschen durch die Natur gedauert hat, wissen wir nicht, können sie in der Zeit kaum ahnen. Sie geht weiter, und es ist zu hoffen, daß wir das Erlernte auch sinnvoll für unser Leben, unsere Gesundheit, unseren Fortbestand anzuwenden verstehen. Mittlerweile versuchen wir durch feine und immer feinere technische Hilsmittel zu ersetzen, was uns an ursprünglicher Naturfühligkeit verloren gegangen ist.

Alle begabten, emporwachsenden Völker haben den Blick zum Himmel geübt, die Wechselwirkungen zwischen Himmel und Erde erkannt und beachtet. Sie haben einen Kult um diese Wechselwirkungen entwikkelt, der schließlich zur Kultur wurde. In vielen Bräuchen ist dies heute noch erkennbar erhalten.

Von den Kelten weiß man, daß sie bei ihrer Einwanderung aus den Steppen vor dem Ural bestimmte Vorstellungen und Erlebniserfahrungen mitgebracht haben. Mitführten sie auch die Verehrung einer göttlichen Allmutter und eines *stierköpfigen* Gottes. Das erweckt Aufmerksamkeit und weist auf interessante Zusammenhänge hin. Just in dieser Zeit der großen indogermanischen Einwanderung um 4000 bis 5000 v. Chr. durchlief die Sonne das Tierkreiszeichen des Stieres.

Zur gleichen Zeit blühte in Ägypten der Apis *(Stier)*-Kult, ebenso in Kreta. Von diesen Gebieten griff er auf die südlichen Mittelmeerländer über, ja herauf bis in die Alpen und Pyrenäen.

Ein Keltenstamm (die Taurisker) und Berge (die Tauern) tragen noch jetzt den Stiernamen. Man huldigte dem Stier auf Bergeshöhen. Unweit Cortina gibt es einen hohen, schönen Berg, den Sorapis. Mit einer kleinen Lautverschiebung zu Serapis ist dies das griechische Wort für den Stier. Da die Illyrer auch diesen Raum besiedelt haben, ist der Name gewiß eine deutliche Erinnerung an einen einst geübten *Stier*kult.

Man könnte hier einwenden, daß alle rinderzüchtenden Völker naturgemäß das Tier verehrten, das ihnen am nützlichsten ist und so ihnen am nächsten stand, ja, daß sie sich in Schamanenart mit ihm identifizierten. Das mag stimmen. Wie verhält es sich aber dann mit dem Stierkult in Ägypten, wo das Kamel das vorherrschende und nützlichste Tier war? Das Rind spielt dort nur im Nildelta eine gewisse Rolle.

Gerade im dominierenden Ägypten hat sich während des Durchganges der Sonne durch das Tierkreiszeichen des Stieres der *Stier*kult entwickelt und verbreitet. Das kann wohl kein Zufall sein.

Der Wissenschaftler G. Wilke behauptet, daß er Spuren der Kelten schon im dritten Jahrtausend v. Chr. im süddeutschen Raum und Umgebung gefunden habe und daß gegen Ende des zweiten Jahrtausends v. Chr. Sprachvorgänger der Kelten in den Alpen gelebt haben. Es wäre durchaus denkbar, daß eine solche Gruppe damals schon Spanien erreicht und dort den Stierkult eingeführt und geübt hat.

Die keltische Einwanderung auf den britischen Inseln kann man aus einem Flachrelief ablesen, das sich im Museum von Toulouse befindet und gallokeltischer Herkunft ist. Dort wird die keltische Göttin Epona dargestellt, die auf einem Pferd über wellenbewegtes Wasser heranreitet. Zu Füßen des Pferdes tummeln sich Fische. Sie werden angeführt von einem Wesen, dessen Kopf und Vorderleib ein *Stier*, sein Hinterleib ein gut ausgebildeter Fisch mit Rücken-, Seiten-, und Schwanzflossen ist.

Die reitende Göttin ist ein Bild für die Herkunft und den Weg des einwandernden Volkes: aus der Steppe über den Kontinent hinweg, schließlich über das Wasser zur Insel. Die Einbeziehung des *Stieres* in die Darstellung bekundet die Ankunftszeit, eben im Tierkreiszeichen des *Stieres*. Auf der Schwanzspitze eines dargestellten Fisches sitzt ein Vogel, bereit abzufliegen. Er weist auf geistige Inhalte hin, die mit den fremden Stämmen kamen und sich ausbreiteten. Einen solchen Gedanken darzustellen, entspricht durchaus der geistigen Haltung der Kelten. Das Relief stammt aus dem 3. Jahrhundert v. Chr., also aus einer wesentlich späteren Zeit, als die Einwanderung tatsächlich erfolgt sein kann. Das Gedächtnis eines Volkes reicht jedoch, wie man immer wieder erfahren kann, verläßlich über sehr weit gespannte Zeiträume. Jedenfalls brachten die Kelten die Vorstellung eines *stier*köpfigen Gottes mit, der nach ihrer Meinung den Himmel auf seinem Rücken trug, wie die vielzitierte Anekdote eines Gespräches Alexanders des Großen mit einem keltischen Fürsten bezeugt.

Wie sehr der Blick zum Himmel, zu Sonnen- und Sternengang das Denken und Handeln der Menschen beeinflußt hat und prägt, mag in folgendem Beispiel vorgestellt werden:

Dem Reisenden, der das Glück hat, in Ägypten, im vorderen Orient, in Nordafrika, der Türkei, auch in Spanien, die Innenhöfe von Palästen und Wohnhäusern Wohlhabender besuchen zu dürfen, dem wird auffallen, daß die Höfe alle Brunnen haben, sehr schöne, kunstvoll gestaltete Brunnen, die nicht nur Kühle spenden und der Beschaffung des kostbaren Wassers dienen, sondern auch der Kommunikation der Hausbewohner. Man kennt manche der vielen, verzaubernden ortientalischen Liebesgeschichten oder Märchen, die am Brunnen eines Hofes beginnen.

Die meisten der schön gestalteten Brunnenfiguren sind nicht etwa Wassertieren nachgebildet, sondern stellen häufig den wasserspeienden Löwen dar.

Verblüffend ist der weitverbreitete Brauch, den Löwen als Brunnenfigur zum Wasserspeier zu machen. Man braucht in den Städten Europas nicht lange suchen, um den wasserspeienden Löwen als Brunnenfigur zu finden.

Der Löwe ist ein Tier der wasserarmen Wüstensteppen. Wie kommt er zum Rang einer Symbolfigur des Wasserbringers?

Der Blick zu den Sternen gab mir den Hinweis, und die Beduinenfürstin Madame Schausoui Pascha erklärte mir in ihrem Palais in Kairo den genauen Hintergrund:

Alljährlich im August, dem Tierkreiszeichen des Löwen, beginnt das Nilwasser zu steigen und schwillt ständig bis Dezember an. Im Tierkreiszeichen des Löwen also stürzt das befruchtende, lebenspendende Wasser durch den blauen Nil aus Abessiniens Hochgebirge herunter in die durstende Wüste und macht das Niltal dadurch bewohnbar. Es ist fast selbstverständlich, daß die gestirnkundigen Ägypter den Löwen in diesem Zusammenhang zum Wasserbringer machten.

Mit solchen Gedankengängen können wir auch den Inhalt der schon erwähnten Anekdote erklären, nach der Alexander der Große einen Keltenfürsten befragte, was die Kelten am meisten fürchteten? Der Fürst erwiderte knapp und ohne zu zögern, ihre einzige Furcht sei, daß der Himmel ihnen auf den Kopf fallen könne!

Warum?

Die Kelten verehrten ursprünglich den *stier*köpfigen Gott, der nach ihrem Glauben das Himmelsgewölbe auf den Schultern trug. Sie lebten zudem in einer Zeitenwende, nämlich im Untergang des Tierkreiszeichen des Stieres und im Aufstieg des nachfolgenden Widderzeichens. Da die Kelten sich die ganze Welt, alles

Geschaffene, den Kosmos, auch die Götter, in ständigem Wandel vorstellten, konnten sie sich der Übergangszeit zwischen den Weltenzeitaltern geschickt anpassen. Aus ihrem *stier*köpfigen Gott wurde der pankeltische Himmelsgott Lug; schließlich traten bei den Gallokelten Teutates, Taranis und Esus als Göttertrias hervor. Diesem Lug war es bestimmt, Balor, den Sohn des *stier*köpfigen Buar (Ainech = Stierkopf), zu töten. Sollte Lug in das Widderzeitalter hineinwirken, mußte er zum Stiervernichter werden.

Ein Teil der Kelten hing dem alten Gott an, ein anderer huldigte bereits dem Widderkult und den neuen Göttern. Durch diese Veränderung wurde der alte, *stier*köpfige Gott geschwächt und machtlos. Wer an ihn glaubte, mußte fürchten, daß dieser geschwächte Gott nicht mehr die Kraft haben werde, das Himmelsgewölbe auf seinen Schultern zu tragen und daß der Himmel mit dem Sturz des *stier*köpfigen Gottes den Kelten auf den Kopf fallen könne. Wahrscheinlich waren der keltische Gesprächspartner Alexanders und sein Stamm Anhänger des *Stier*gottes. Somit war diese Furcht verständlich.

Vom Zusammenstoßen des alten Stierverehrungskultes und des neuen Widderzeichenaufstieges kann man auch noch andere Gedankengänge und Bräuche ableiten.

Das kräftige und dynamische Stierzeitalter dauerte vom 4. – 2. Jahrtausend v. Chr. Mit ihm rundete sich und schloß ein Weltenzeitalter von 25.827 Jahren, ein großes Sonnenjahr. Es war ein mächtiger Abschnitt, dem sogar die monotheistischen Juden ihre Reverenz erwiesen, indem sie während der Herrschaft des Tierkreiszeichen des Stieres eine Zeitlang das goldene Kalb anbeteten. Von allen damals lebenden und hochstehenden Völkern war das Stierzeitalter erkannt und anerkannt worden und wurde mehr oder minder prägnant ausgedrückt. Es gibt sichere Hinweise, daß man die mit ihm aufsteigende Kultur als Weltenzeitalter begriffen hatte, bewußt den Höhepunkt erreichen sah und andererseits auch den Niedergang errechnen konnte.

Nur so ist es erklärlich, daß das vom Stierkult besessene Kreta, das den Stier nicht nur als Symbol, sondern als Gott verehrte, sich äußerst schwach gegen die vom Norden kommenden und die Insel bedrohenden Eindringlinge wehrte, obwohl es eine große und schlagkräftige Flotte besaß.

Es ist sogar möglich, was heutige Wissenschaftler behaupten, daß die Ruinen Kretas nicht Überreste einstiger Wohn- und Kultstätten sind, sondern die einer riesigen Nekropole. Somit stünden wir der erschütternden Tatsache gegenüber, daß ein Kulturvolk sich selbst seine Totenmale setzte.

Die Kreter wußten, daß die Zeit ihres Tierkreiszeichens abgelaufen war; daß das neue, siegreiche Zeichen unaufhaltsam aufsteigen und zweitausend Jahre sich behaupten würde, nämlich das Tierkreiszeichen des Widders.

In einem Buch von Dr. Franz Spunda wurden die Kreta angreifenden Eindringlinge als Männer mit Widderhörnern auf ihren Helmen geschildert, dem illyrischen Stamm der Dorer zugehörig. Die an den Stierkult gebundenen Kreter sahen in ihnen die Unbezwinglichen, vom Widderzeichen gestärkten. Möglicherweise brach das ihre Kampf- und Überlebenskraft.

Wie beständig weltanschauliche Gegensätze sein können, wie lange sie sich auch unter überlagernden Formen halten, zeigt der volkstümliche und vielgeübte Brauch des Stierkampfes in Spanien.

Die iberischen Kelten hingen dem Stiergott an. Vielleicht taten es auch schon ihre unbekannten Vorgänger. Mit der Einwanderung immer neuer Keltenstämme, die schon begannen, den Widderkult in Iberien auszuüben, mußte es begreiflicherweise zu Spannungen und Gegensätzen kommen. Zuerst mag es nur Einzelhandlungen von Stiertötungen gegeben haben. Je mehr aber die Widdermänner mit dem aufsteigenden Tierkreiszeichen erstarkten, je selbstbewußter und siegreicher sie auftraten, umso deutlicher wird wohl die Forderung nach der kultischen Schlachtung des Stieres gewesen sein.

Die Araber haben, so wird behauptet, den Stierkampf nach Spanien gebracht. Das ist kaum glaubbar. Weltanschauliche Gegensätze werden nicht durch die einfache Einführung eines Brauches aufgelöst. Da sind andere Zeiträume und tiefergreifende Vorgänge am Werk.

Der Ursprung des Stierkampfes liegt sicherlich dort, wo sich absteigendes und aufsteigendes Weltenjahr trafen, also vor einigen Jahrtausenden.

Auch bei den Gallokelten gab es die kultische Stierschlachtung, Taurobolium genannt, zur Ehrung einer Göttinmutter. Nach dem Glauben der Gallokelten hatte diese Göttinmutter zwei Ehemänner, einen Himmelsgott und einen Gott der Pflanzen, der gleichzeitig auch Gott der Unterwelt war. Bei jedem Gatten verblieb sie abwechselnd eine Hälfte des Jahres. Aus der Unterwelt konnte sie jedoch nur dann zurückkehren, so der Glaube, wenn ihr zu Ehren alljährlich im Frühjahr drei Stiere geopfert wurden.

Die zur Opferung gewählte Frühlingszeit sollte nicht nur das Erstarken der Natur mit der Wiederkehr der Göttin aus der Unterwelt, sondern wohl auch den Sieg des Widders über den Stier betonen. Die Zeit des Widdermonats liegt nämlich zwischen dem 20. März und dem 20. April, jenem Zeitraum, in den auch der Frühlingsbeginn fällt.

Beachtenswert mag auch sein, was Plato 427 v. Chr., also im Widderzeitalter, in seinem Atlantisbericht schildert. Eine Stierjagd und Stiertötung wird beschrieben:

„Es gab Stiere, die frei im Tempel des Poseidon weideten. Die Könige, die im Tempel allein blieben, flehten die Götter im Gebet an, ihr Opfer anzunehmen, und veranstalteten dann auf die Stiere eine Jagd ohne Waffen, nur mit Stöcken und Schlingen. Den Stier, den sie fingen, führten sie zur Säule. Sie schlugen dem Opfer auf den Kopf und töteten es über der heiligen Inschrift."

Die Indogermanen, oder besser, die Indoeuropäer, nahmen im Tierkreiszeichen des Stieres, das heißt während des Durchganges der Sonne durch dieses Sternzeichen, Besitz von Europa. Es ist deshalb nicht verwunderlich, daß erkenntnisreiche, einfühlungsfähige und empfindsame Künstler damals den Stier darstellten, der auf seinem Rücken die weibliche Figur der Europa trägt. Die Sprache der Antike drückte so ein Ereignis aus, das durch die Einwanderung der Indoeuropäer und deren Verbreitung im Stierzeitalter weltweite Folgen hatte.

Tatsächlich erhielt Europa durch die Einwanderung der Indoeuropäer seine Beseelung, sein Gesicht. Ein Gesicht, in dem wir zu lesen verstehen. Unenträtselt geblieben sind aus der Zeit davor die hocherhaltenen Symbolzeichen, Wandmalereien und Steingärten. Die antike Figur jedoch, bekannt als der Stier, der die Europa entführt, hat eine starke Aussagekraft. Sie ist keineswegs die Nachbildung einer Legende, sondern der symbolisierte Bericht eines Geschehens, das auch zeitlich genau durch die Stiergestalt angegeben ist.

Mit dem Tierkreiszeichen des Stieres, des letzten Sternzeichens im vergangenen großen Sonnenjahr, schloß ein Weltzeitalter von 25.827 Jahren. Das Neue stand vor der Türe.

Bis dahin, bis etwa 1900 v. Chr., waren die berühmten, äußerst populären und viel besuchten *Stierspiele* auf Kreta unblutig verlaufen.

Das sollte sich ändern, und die Stierspiele wurden zur Stierbekämpfung, als die Sonne um 2000 v. Chr. das Sternzeichen des Stieres verließ und mit dem Widderzeichen in den Frühlingspunkt eines neuen Weltzeitalters eintrat. Die Widdermänner marschierten an. Der Stier mußte weichen, getötet werden. Und so geschah es auch.

KAPITEL II

WIDDERMÄNNER UND WIDDERBRÄUCHE

Die Kelten wußten, wer sie waren: Widdermänner, dem Tierkreiszeichen des Widders zugehörig. Obwohl ihr Götterhimmel reich bestückt war und Geschichtsschreiber ihnen eine ungestüme, leidenschaftliche, das Gemüt durchglühende Religiosität bezeugen, obwohl ihre Götter Verehrung und Macht genossen und das feurige Rad des Taranis, eines keltischen Blitzgottes, über die Hügel hinunter ins Wasser rollte und im Brauchtum noch heute rollt (in Liechtenstein, im Donauraum und im Südharz), scheint das Sternzeichen des Widders, dem sie sich zugewandt hatten als herrschendem Zeichen ihrer Zeit, die größere, zumindest die typenbildende Kraft gewesen zu sein. Begreiflich, denn die dynamischen Kelten hielten ihre Götter nicht für unsterblich, sondern für veränderlich, ja für austauschbar. Sie konnten sich wandeln, zu Menschen, Helden, sogar zu Symbolen werden. Unveränderlich allein durchlief das Rad der Tierkreiszeichen die Zeiten.

Die Weltschau der Kelten, ihr Charakter, ihr Wesen wären nicht zu enträtseln, wenn sie nicht aus dem Sternglauben heraus erklärt werden könnten.

Wer mit dem Sternzeichen als Glaubenshintergrund durch die Zeiten geht, der fühlt sich unsterblich, und an diese Unsterblichkeit glaubten die Kelten. Mehr noch, sie glaubten an dauernde Wiederkehr, denn auch ihr Sternzeichen kam, stieg auf, ging nieder, verschwand und kehrte nach Äonen wieder. Der Tod war zugleich Verheißung des Lebens.

Die geheimnisvolle Weise dieser dauernden Wiederkehr singt der große walisische Barde Taliensin in seinem Lied, das keltische Religiosität, Phantasie und Bekenntnisfreudigkeit poetisch verklärt:

Wanderungen

Gedicht des walisischen Barden Taliensin

Bin schon in vielen Aspekten erschienen,
ehe ich gültge Gestalt mir errang.
Bin eine vergoldete Lanze gewesen,
dessen erinnere ich mich noch heut.
Bin ein Regentropfen im Winde gewesen,
Bin der fernste der Sterne,

Bin ein Wort unter Lettern gewesen,
war im Anfang sogar ein Buch.
Bin das Licht einer Lampe gewesen,
Bin für ein Jahr und ein halb
eine gewaltige Brücke gewesen,
geschlagen über dreimal zwanzig Flüße.
Bin eine Meeresströmung, ein Adler gewesen,
und des Fischers Schiff auf dem Meere.
Bin der Schmaus eines Festes gewesen.
Bin gewesen der Tropfen im Guß.
Bin ein Schwert in der Hand des Kämpfers,
Bin ein Schild in der Schlacht gewesen.
Bin die Saite der Harfe gewesen
und das neun Jahre lang.
Bin das Wasser, der Schaum,
Bin Schwamm im Feuer gewesen.
Bin in der Tat ein geheimnisvoll Holz

Dieses Gedicht ist erst im elften Jahrhundert niedergeschrieben worden, also lange nach seiner Entstehung. Es wurde wortgetreu überliefert.

Die geistige Führung und Belehrung der Kelten lag im Wirkungsbereich der Druiden. Darüber wird später noch geschrieben werden. Man kann sich diese Belehrung etwa so vorstellen:

Der zuständige Druide versammelte die ihm zur Unterweisung Anvertrauten an klaren Abenden im heiligen Eichenhain, dem Drunemedon. Er wies die Richtung, und sie schauten auf zu ihrem Sternzeichen.

Der Druide zeigte und erklärte: Zweitausend Jahre würden sie mit dem Gestirn hinaufwachsen und dann vergehen, wenn seine Bahn wieder abstieg.

In der herrschenden Zeit des Gestirns müsse man sich dem Wollen des Sternzeichens fügen, es erforschen und sich zu ihm bekennen. Fasziniert von der Sternvoraussage folgten sie dem Druiden, befestigten Widderhörner auf ihren Helmen! Mit dieser Hörnerzier erschienen sie auf Wanderzügen, in ihren Schlachten und kennzeichneten ihre Häuser damit – bis heute. In manchem Gebirgstal der Alpen sind solche Häuser noch zu finden, zum Beispiel im Virgental, Osttirol.

Was im letzten Abschnitt geschildert wurde, ist nicht schriftlich bezeugt. Es sind vielmehr Vorstellungen, die aus den Resten der aussagestarken Widderbräuche entstanden sind. Viele dieser Bräuche haben sich bis in unser Jahrhundert trotz Verfolgung in christlicher Zeit erhalten und sind in Gebieten bekannt, die nachweislich Siedlungsräume der Kelten gewesen sind.

Wir wollen hier noch einmal festhalten, daß der Frühlingspunkt des Sonnenjahres stets im Widderzeichen liegt, das ist zwischen dem 20. März und dem 20. April. In dieser Zeit werden viele dieser Bräuche abgehalten.

Im Mährisch Schönberg wurden jeden Frühling Widderbräuche geübt, der bezeichnetste bis 1931, den man in das Schema keltischer Lehrbräuche einordnen kann. Er dauerte *zwölf* Tage lang. Damit die Zahl Zwölf als Symbol für die 12 Tierkreiszeichen erkannt wurde, hat man sie im Brauch mehrmals wiederholt. *Zwölf* Kinderpaare holen zwölf Tage hintereinander einen Widder ab und ziehen mit ihm von Haus zu Haus, wobei am ersten der zwölf Tage, die den Frühlingsbeginn anzeigen, ein Kinderpaar den anderen vorangeht.

Am zweiten Tag jedoch geht dieses Paar in der zweiten Reihe und überläßt die Führung einem anderen nun widderführenden Paar, wie auch im Sonnenjahr ein anderes Sternzeichen führend wird. Das erste Paar tritt nun jeden Tag eine Reihung zurück, wie ja auch die Tierkreiszeichen am Himmel nach ihrer Herrschaft zurücktreten, wenn die Sonne sie durchlaufen hat und ein anderes Zeichen die Herrschaft antritt. Das Sonnenjahr rundet und schließt sich bei dieser Brauchdarstellung deutlich, ja sogar die Rückläufigkeit der Sternzeichen wird in dieses Ritual mit hineingenommen.

Deutlicher als in diesem Brauch kann der ganze, kosmische Ablauf des Jahres kaum klar gemacht werden; deutlich sind seine Hinweise, deutlich ist aber auch mit ihm ausgesagt, daß bewußte, umfassende Kenntnis, die sich im Brauch lehrend ausdrückt, am Werke war und nicht etwa kindhaft naive Spielerei, wie eine naturferne Beurteilung Bräuche oftmals sieht. Wer in Symboldeutung den Kelten nahe gekommen ist, wird den Urgrund der Führung des Widders durch ein Kinderpaar und nicht durch einen Einzelmenschen dahin deuten, daß sich in dem Paar Sonne und Mond ausdrücken. Beide Gestirne führen deutlich erkennbar durch das Jahr.

Die Kelten waren bemüht, den alten Mondkult und den durch die Indoeuropäer aufblühenden Sonnenkult zu vereinen, wie man es auf ihren hochkünstlerischen Münzprägungen feststellen kann.

Ein Widderbrauch, der zugleich ein großes Volksfest war, wurde noch in den ersten Jahrzehnten dieses Jahrhunderts unter Beteiligung ganzer Talschaften (Iseltal, Tauerntal) abgehalten.

Am schönen Lienzer Boden, dort, wo sich Isel und Drau vereinigen, lag einst die bedeutende Keltenstadt Agunt. Sie bewachte zwei Alpenübergänge: den hohen und gefährlichen Felbertauernpaß im Norden und den angenehm leichten, verhältnismäßig niedrigen Draupaß im Süden. Von den Römern in Besitz genommen, in der Völkerwanderungszeit niedergebrannt, schließlich vom Debantbach verschüttet, ist Agunt heute wieder ausgegraben und als interessante Ruinenstadt viel besucht. Agunt, Lavant und Debant sind keltische Namen.

Talgegenüber dieser Ruinenstadt Agunt liegt der Weiler Lavant, an und auf einem sichtlich durch ein gewaltiges Naturereignis vom Dolomitenmassiv abgesprengten isolierten Hügel. Auf diesem Hügel steht eine gotische Kirchenruine, sind die Überreste einer weiteren Kirchenruine, die einst, im 4. Jahrhundert n. Chr. Bischofssitz der damals noch sehr jungen römischen Kirche war. Dort steht auch die heute vielbesuchte katholische Pfarrkirche. Nachgewiesen ist auch – wie könnte es anders sein auf solch eindrucksvollem Platz im Herzen der Tauern – ein alter keltischer Opferplatz.

Folgt man iselaufwärts den von den höchsten Tauernbergen herabkommenden Wassern, kommt man in das schöne, seines milden Klimas wegen gerühmte Iseltal, hier Virgental genannt. Dort, auf der Schattenseite, gegenüber der wegen ihrer gotischen Fresken vielbesuchten und gerühmten Kirche Obermauern, die auf Resten keltischer und Römergräber steht, wurden auch Gräber aus der Hallstattzeit gefunden.

Virgen ist der Hauptort des Tales. Sein Name

wird von Virg, Verg, Vergobret abgeleitet. Ein Vergobret wurde als Gerechtigkeitsschützer für ein Jahr von der keltischen Volksvertretung gewählt und hatte große Machtbefugnisse, auch über Leben und Tod. Er wurde eingesetzt, um allzu ehrgeizige Fürsten in ihrer Macht zu beschneiden. Viele Orte, deren Silbe Ver, Vir oder Viersch beginnt, weisen auf solche Vergobreten, wie sie genannt wurden, hin.

Man kann das heutige Virgen als den Sitz eines damaligen Vergobreten betrachten, ein Ort, der Wichtigkeit besaß und große, keltische Volksversammlungen sah.

Interessanterweise gab es in Virgen im Mittelalter noch ein Gericht mit hoher Rechtsprechung und einen, heute in Ruinen liegenden Adelsitz, Rabenstein. Das Haus mit der Rechtstradition steht noch voll funktionsfähig, ein alpiner Herrensitz, heute Gasthof.

Von Virgen ausgehend gab es bis etwa 1930 alljährlich ein Widderfest, an dem die ganze Talschaft und die des Tauerntales teilnahm. Ein schön geschmückter Widder wurde unter Teilnahme einer großen Volksmenge die vierzig Kilometer bis Lavant getrieben und dort vor der katholischen Kirche als Opfer geschlachtet! Das war eine rein heidnische Zeremonie und ist als sicher überliefert.

Dieser Brauch ist hochinteressant.

Er kann dreierlei aussagen: den Sieg des Christentums, das im Anfang des Fischezeitalters entstand und über das ihm vorangegangene Widderzeitalter zu triumphieren wünscht. Im frühen Christentum, das sich mit dem Fischezeichen verständigte, wurde immer wieder symbolisch ein Lamm geschlachtet und auf Lammschlachtungen in Gleichnissen hingewiesen. Christus selbst bezeichnete sich als Opferlamm und er wird ganz gewiß in diesen Zusammenhängen gewußt haben, warum; weiteres konnte der Brauch von dem hier lebenden Stamm der keltischen Taurisker, die dem Stierkult anhingen, noch als letztes Zeichen ihres triumphierenden Widerstandes gegen den eindringenden Widderkult betrachtet werden, oder aber kann schließlich durch Schmückung und Ehrung des Widders der Sieg des Widderzeitalters ausgedrückt sein.

Wer sich dafür weiter interessiert, kann im Virgental, abseits der Straße wandernd, heute noch die Bekenntnisse zum Widderkult manifestiert sehen. Sonnseitig auf Pfaden zwischen den hochliegenden Höfen gehend, wird er auf manchen Hof- oder Scheunentoren das Widdergehörn oder den gehörnten Widderkopf angenagelt antreffen. Das geschieht nicht bewußt, sondern aus alter, schätzenswerter Tradition. Es ist nicht möglich, die vielen Widderbräuche zu schildern, die in den verschiedenen Ländern noch heute geübt werden. Auf einige wird hier hingewiesen werden.

Vielleicht ist auch eine Notiz in der griechischen Mythologie der Beachtung wert. In der Sage vom Argonautenzug wird erzählt, daß dem Prixos und seiner Schwester Helle, die unter der Härte ihrer Stiefmutter litten, von den Göttern ein Widder mit goldenem Vlies gesandt wurde. Prixos scheint den Wert der Gabe und deren geistigen Hinweis auf das Widderzeitalter nicht begriffen zu haben. Er opferte den Widder den Göttern und schenkte das Vlies dem König Aetes, der sehr wohl Wert und Bedeutung des Geschenkes begriff. Er ließ das Vlies in einem geschützten Hain aufhängen und von einem furchtbaren Drachen bewachen. Der griechische Held Jason wollte das Vlies heimholen, mußte aber erst zwei feuerschnaubende *Stiere* bändigen. Die Gegenüberstellung von Stier und Widder kommt üblicherweise nicht vor, was die griechischen Bauern durchaus erkannten und das Ungewöhnliche daran beachteten.

Alljährlich im Frühjahr findet im Zillertal ein großer Widderkampf statt. Er geht unter zahlreicher und hitziger Beteiligung der Bevölkerung vor sich, und keiner, der Zeit hat, will ihn versäumen. Weiteren Widderbrauch findet man in den karnischen Alpen und im Ortlergebiet. Bei diesem Brauch wurden einem Widder die vier Füße eng zusammengebunden. Dann traten die Burschen am Dorfplatz oder Anger an. Einer nach dem anderen ergriff den Widder und schwang ihn im Kreis über den Kopf. Es war ein grausamer Brauch, und vielleicht sollte er es auch sein, zur Abschreckung der ansässigen Taurisker, die den eindringenden Widderverehrern den Widerstand ihres eigenen Behauptungswillens und der Stierverehrung entgegensetzten. Der Kampf um das Herrschen des jeweiligen Sternkultes hat lange Zeit gedauert. Noch erinnern Ortsbezeichnungen an das Widderschwingen, sogar ein Lied bewahrt den Namen.

Die Ritzzeichnung im Stein an der kleinen Bergstraße in den Pyrenäen, die man mir einst gezeigt hatte und die einen Widder darstellte, der frontal einen Stier angriff, berichtet von einer jahrtausendealten weltanschaulichen Auseinandersetzung. Noch immer töten die Nachkommen der Widdermänner, die Iberokelten, den Stier in Spanien. Aber sie wissen nichts mehr von der Ursache des Brauches.

Kulturen beginnen nicht plötzlich und hören nicht plötzlich auf. Nur Völkermord bringt eine Kultur zu plötzlichem Verstummen. Meist vermischt sich die ausklingende Kultur mit der kommenden. Die kommende bekämpft die schwindende, und diese wehrt sich, solange ihre Stoßkraft noch reicht, bis die Macht des aufsteigenden Tierkreiszeichens ihre Kristallisation in der neuen Kultur oder im neuen Kult gefunden hat und ausstrahlend siegt.

Solch ein Vorgang liegt uns geschichtlich ziemlich nahe. Es ist der Übertritt der Sonne aus dem Tierkreiszeichen des Widders in das neue Tierkreiszeichen der Fische vor zweitausend Jahren. Rasch und bewußt übernahm das aufblühende Christentum das Fischezeichen als das ihre, und jedes Schulkind weiß aus der Bibel, daß die ersten Christen sich durch das Zeichen der Fische gegenseitig erkannten. Die zahlreichen Hinweise auf Lammschlachtungen in Kirchenliedern und Redewendungen weisen auf die Widderbekämpfung durch die Christen hin. In späterer christlicher Zeit wurde der Widder sogar zum Teufelstier erklärt.

Der höchst blutige Kampf der christlichen Behauptung gegen die europäischen heidnischen Völker verlief im Fischezeitalter durch einige Jahrhunderte hin, bis sich schließlich die christliche Weltanschauung durchsetzte.

Jetzt, in dieser Zeit, in unserer Gegenwart, verläßt die Sonne das Tierkreiszeichen der Fische und tritt ein in das Zeichen des Wassermannes. Wir leben deshalb in einer Übergangszeit, in der alte Werte ihr Ansehen, ihren Wert und ihre Kraft verlieren, wo neue geboren werden, gefunden werden müssen, um die absterbenden zu ersetzen. Zahllose Fragen tauchen auf und bleiben offen. Werden wir die Zeichen, die uns gegeben sind, erkennen und richtig deuten? Was wird unser nächstes Kultursymbol sein?

KAPITEL III

AUF IHREN WEGEN

Keltomanie!" sagte abwertend mein Begleiter, als wir in einer Ausstellung über die Kelten eine Besuchergruppe bemerkten, die, lebhaft über dieses Volk diskutierend, miteinander sprach.

Keltomanie?

Sicherlich nicht in dem Sinne, als Mitte des vorigen Jahrhunderts starke romantische Bemühungen aktiv waren, die den Kelten umfassende Kulturanregungen und Kulturleistungen zuschrieben, welche die damalige Archäologie nicht beweisen konnte. Man hat dies damals auch mit den Germanen versucht.

Weite Teile Europas und darüber hinaus sind von den Kelten besiedelt und durchdrungen worden. Das Königreich Noreja bestand nicht nur in einem weiten Umraum über Kärnten, Salzburg, Steiermark und die angrenzenden Länder hinaus. Es ist nicht gewaltsam erobert oder zerstört worden, sondern in der einheimischen Bevölkerung ohne Verlust der Durchdringungskraft aufgegangen und wirksam geblieben. Diesem Umstand verdanken manche Länder kulturelles Erbe schönster Art und die Grundlagen der Volksmedizin.

Eine ununterbrochene Kelteneinwanderung von der böhmischen Platte her über Nieder- und Oberösterreich nach Westen, Süden und Südosten erhielt den keltischen Blutzustrom lebendig.

In Frankreich ist es ähnlich. Neunzig Keltenstämme haben es lange besetzt gehalten und durchdrungen. Wer die Kelten wirklich kennenlernen will, muß besonders in Frankreich ihren Spuren folgen und wird ihr Wesen in manchen Landstrichen wiederfinden.

Das Beharrungsvermögen des Blutes ist kaum zu begreifen. Heute noch, nach Jahrmillionen der Entwicklung, hat das menschliche Blut noch immer dieselbe Zusammensetzung wie das Meerwasser, dem jedes Leben entstiegen ist, dem auch wir, in welcher Gestalt auch immer, entkrochen sind.

Deshalb glaube ich, was Dr. Herms in seinem Keltenbuch behauptet, daß die Kelten noch unter uns sind. Man kann sogar weiter gehen und sagen: in uns! So ist es nicht verwunderlich, wenn mancher Heutige bei plötzlicher Begegnung mit Keltennamen, -erzeugnissen oder auch nur mit auffallend rothaarigen Menschen etwas empfindet wie „von weither gerufen und berührt". So war es wahrscheinlich auch mit jenen von meinem Begleiter kritisierten Menschen in der Keltenausstellung.

So war es eigentlich auch mit diesem Buch. Es ist nicht durch Überlegen entstanden, sondern durch das Entdecken keltischer Überlieferung alter Weisheiten, ergänzt durch die notwendige Lektüre ausgezeichneter Forschungsergebnisse über die Kelten, von Fortschritten der Naturwissenschaft, die keltisches Wissen – oder sollten wir sagen: Weisheit – bestätigen konnten. Sie alle trugen dazu bei, heute die Kelten und ihre kulturellen Leistungen für Europa verstehen zu können, zumindest ihnen nahe zu kommen.

KAPITEL IV

KELTEN UND DIE BÄUME

Als die Kelten noch nicht ein Volk, sondern eine Menschenschar, in den Jahren 4000 – 5000 v. Chr. mit den übrigen Indoeuropäern aus den Steppen vor dem Ural nach Europa einwanderten, traf ein Teil von ihnen auf besonders glückliche Umstände.

Mit einem gewaltigen Troß von Menschen und Tieren kamen sie in der Mitte Europas an, im innersten Urquell seines Herzens, auf der böhmischen Urgesteinsplatte, dem ältesten Teil der Erdrinde dieses Kontinentes. In geschützten Mulden und auf fruchtbaren Böden fanden sie jene Räume zum Siedeln vor, die sie nicht besser hätten finden können.

Unweit ihrer Hauptniederlassung (es scheint nach den neuen Ausgrabungen Aunjetitz im Umraum von Prag gewesen zu sein) liegen jene Lager von Uranpechblende, aus der Madame Curie Jahrtausende später das leuchtende und strahlende Element ihrer Forschungen gewonnen hat.

Umgeben wie von einem abwehrenden Schild durch das Mittelgebirge der Sudeten, denen sie den Namen gegeben haben, konnten sie sich, obwohl im Schnittpunkt unruhiger Völkerbewegung gelegen, in den Moldauebenen ungestört entwickeln. Dort, in Aunjetitz, hat man ein Entwicklungszentrum gefunden, in dem Kelten, Illyrer, Veneter und Italiker zu selbstbewußten Stämmen herangereift sind und eine gewisse Entwicklungsebene erreicht haben, bevor sie aus ihren Räumen aufgebrochen sind und in die Geschichte eintreten konnten.

Mitbrachten sie eine roh geformte Gesellschaftsordnung: Tüchtige Männer, die einen Menschenhaufen mit einem Kern von Weibern und Kindern und einen Troß von Tieren und Wagen führen konnten und über ein Männergefolge geboten, das für den Schutz dieser Truppe sorgen konnte. Handwerker mußten vorhanden sein, die mit ihren Fertigkeiten für das notwendige Rüstzeug zuständig waren, erfahrene Hirten und schließlich heilkundige, weise, geistige Führer. Diese, Druiden genannt, vollzogen geheimnisvolle Riten unter nächtlichem Himmel und genossen unbeschränkte Autorität.

Mitbrachten die Kelten auch den Glauben an eine Erdmuttergöttin und an einen stierköpfigen Himmelsgott, der nach ihren Vorstellungen, wie schon erwähnt, das Himmelsgewölbe auf seinen Schultern trug.

Diesen Menschen nun, zum größten Teil aus der baumlosen Steppe kommend, gewöhnt an weite, ungebrochene Horizonte, an den frei umherschweifenden Blick und an ungehemmte Bewegungsfreiheit, war die Begegnung mit dem geschlossenen Block riesiger Urwälder, mit den riesigen Buchen, Tannen und Eichen ein einschneidendes Erlebnis. Es kann gar nicht anders gewesen sein. Hier war ihre alte Welt zu Ende, die alte Technik des Vordringens, vielleicht damit auch alte, geistige Vorstellungen.

Wie die einzelnen einwandernden Menschenhaufen auf diese Begegnung reagiert haben, wie sie dieses Erlebnis verarbeiteten, unterscheidet sie voneinander.

Die Kelten haben, entsprechend ihrer Eindrucksfähigkeit und Aufnahmebereitschaft, das Zusammentreffen mit dem europäischen Urwald in tiefgreifenden Baumkulten ausgedrückt. Sie nannten die hochaufragenden Pflanzengebilde Himmelsbäume, denn sie schienen ihnen wie eine Leiter, wie eine direkte Verbindung zum Himmel zu sein. Nur Götter konnten in solchen Pflanzengebilden wohnen, nur himmlische Mächte durch sie wirken – und Himmelsgewalten fürchteten sie. In der weiten Steppe waren sie ihnen schutzlos preisgegeben gewesen. Schon der hohe, freie Sternenhimmel hatte sie dort überwältigt, ihr Denken gefangen genommen und bestimmt; da waren auch die wilden Stürme, die erbarmungslos sengende Sonne, die endlose Weite.

Hier in dieser neuen Landschaft waren die mächtigen Bäume Schutz und Hort, Wohnung der Götter. Schnell entstand in ihrer schöpferischen Phantasie ein Gott, der in der Tiefe wohnte und über die Wuchskraft gebot: Ennunos oder Esus genannt.

Eine besondere Beziehung entwickelten sie zu den Eichen! Diese erregten in hohem Maße ihr beobachtendes Interesse, bewegten ihre lebhafte Phantasie, denn oft schlug das Himmelsfeuer des Donnergottes Taranis in diese Bäume ein. Doch sie bestanden und gingen nicht zugrunde. So machten sie die Verbindung zwischen der Erde und den Himmelsgöttern erst recht deutlich.

Nach Meinung der Kelten hatten die Eichen auch eine enge Verbindung zum Erdinnern, zum Gott der Tiefen und Pflanzen. Diese Bäume pflanzten sie um ihre heiligen Haine, wo die Druiden ihre Zeremonien hielten, setzten sie auch als Blitzschutz neben ihre Häuser. Ob ihrer engen und deutlich zur Schau getragenen Verbundenheit mit den Eichen wurden die Kelten von den Römern die „Eichenkundigen" genannnt.

Bei jeder Eiche, die mehr als zweihundert Jahre alt war, glaubten die Kelten, daß hier eine Quelle entspränge, und diese hielten sie für heilig. Das wurde mir als Überlieferung in Albanien und auch in Frankreich erzählt. Ich weiß nicht, ob es wahr ist, habe aber einige Bilder großer Maler gesehen, die mit künstlerischer Ahnungsfähigkeit in der Nähe der von ihnen dargestellten Eichen stets eine Quelle dazugesellten.

Nach gewisser Eingewöhnungszeit dürften die Kelten sich mit den Wesenheiten der Bäume des Urwaldes magisch verbunden gefühlt haben. Sie entwickelten einen Baumkult, der durch wiederholte Ausgrabungsfunde bestätigt ist und heute noch in abgeschwächter Form in Bräuchen besteht. Es ist der weitverbreitete und volkstümliche Brauch des Maibaumtragens, -aufrichtens und -stehlens. Auch gruben die Kelten im Baumkult steile, senkrechte Schächte in die Erde, von 30 bis 40 Meter Tiefe und senkten einen ganzen Baum samt Ästen und Wurzeln in diesen Schacht, manchmal auch verbunden mit einem Menschenopfer. Das bestätigt wohl ihre magisch gefühlte Verbindung zwischen Baum und Mensch.

Anscheinend nahm das Erlebnis „Baum" einen großen Platz im Seelenleben der Kelten ein und hat sich bis jetzt im Brauchtum bis zu den späten Nachfahren überliefert.

Ein Holzfäller aus Kärnten erzählte mir folgenden Baumbrauch, der in seiner Jugend noch geübt worden war und den er selbst miterlebt hatte:

Jeder Baum, der zum Schlägern bestimmt war, wurde vorher von den Holzknechten durch ein merkwürdiges Zeremoniell geehrt. In feierlichem Ritual nahmen sie den Hut ab, gaben dem Baum einen gängigen Namen, sie tauften ihn gewissermaßen. Dann redeten sie ihn namentlich an, baten ihn um Verzeihung, daß sie ihn schlägern müßten und erhoben ihn so zu einer Individualität. Er war nicht mehr *ein* Baum, sonder *der* Baum. Erst nach dieser Zeremonie wurde er geschlägert oder umgesägt.

Einen zweiten, sehr innigen und gefühlstiefen Brauch zwischen Mensch und Baum hat mir meine Mutter erzählt: In ihrer Heimatgemeinde war es noch im Jahre 1890 üblich, – und sie selbst war Augenzeugin solchen Tuns gewesen, – daß man unter die Zunge eines gestorbenen Menschen einen

Tannensamen legte, bevor man den Sarg verschloß und ihn begrub.

Wochenlang hat mich nach dieser Erzählung die Vorstellung beschäftigt, was nun mit dem Samen geschehen würde, der da mit dem Toten begraben war. Ich stellte mir vor, wie sich seine lebende Kraft erschloß, wie er keimte, wuchs, mit seinen Wurzeln den Toten umgriff, ihn aufnahm, und ich fragte mich, ob der Sarg leer würde und der Mensch im aufwachsenden Baum verschwände. Noch Jahre später, als ich den Paracelsusgedenkstein im aufgelassenen, alten Friedhof von St. Sebastian in Salzburg aufsuchte, erschauerte ich und erschrak plötzlich, weil ich die vielen großen, vielleicht Jahrhunderte alten Bäume sah, die da aus dem Herzen der verschiedenen verfallenden Gräber aufwuchsen. Es überfiel mich noch einmal die kindliche Vorstellung vom Aufgehen des Menschen in einem Baum.

Nicht nur Richard Strauß hat dieses Thema in einer seiner Opern behandelt, sondern auch James Joyes schildert in einer Erzählung, wie sich Waschfrauen, am Ufer eines Baches tätig, allmählich in Weidebäume verwandeln, und er erzählt das mit einer überwältigenden magischen Kraft, die an die großen keltischen Barden erinnert.

Die Griechen haben den Baum in ihre Bauelemente einbezogen, ihn zu Säulen verwandelt und diese Säulen sogar zu handelnden, tragenden Menschen umgestaltet.

In einzigartiger, künstlerischer Thematik, die in der Weltliteratur ihresgleichen sucht, hat ein keltischer Barde, Taliensin, die Darstellung der Umwandlung der Menschen in Bäume geschildert. Diese verwandelten Menschen sollten zusammen mit anderen Bäumen und Pflanzen einen gemeinsamen, angreifenden Feind bekämpfen.

KAPITEL V

URSTRASSEN UND KREUZWEGE

Völker, die seinerzeit aus den unteren Wolgasteppen gekommen sind wie die meisten Indoeuropäer, also auch die Kelten, und durch den mitteleuropäischen Urwald vordringen wollten, mußten ihre bisherige Wandertechnik ändern. Sie standen vor einer geschlossenen, grünen Blockwand ungehemmter, wilder Wuchsfreudigkeit, die man nicht einfach durchbrechen konnte wie die Waldsteppe. Man mußte dort einen Weg suchen, wo Baum- und Strauchwuchs lichter waren. Das zeigte sich an Fluß- und Bachrändern, an denen der raumgreifende Fluß manche Vegetationsformen an Wachstum und Fülle hindert oder dort, wo Erdstrahlen den Bewuchs kümmern lassen und lichte, fortlaufende Stellen im Walde schufen, natürliche Urstraßen. Erdstrahlen findet man über unterirdischen Wasserläufen, Erzadern, Hohlräumen, aber nicht nur dort. Vorläufig wahren sie ihr Geheimnis.

Alle wanderkundigen, wanderfreudigen oder zum Wandern gezwungene Menschenscharen der keltischen Völkerbewegung hatten bei ihrem Vordringen eine unübersehbare Erfahrung gemacht: Man konnte auf den durch Erdstrahlen schütter gemachten Waldstreifen, den Urstraßen, zwar schneller und müheloser vorankommen, ermüdete aber um vieles rascher. Die aus der Erde hervorbrechenden Strahlen schadeten nicht nur der Vegetation und machten sie kümmern, sie taten es auch durch angreifende, unbekannte Gewalten auf die Kräfte der Menschen und Tiere. Das erfuhren alle Wandergruppen, und sie mußten mit dieser Erfahrung fertig werden.

Die Kelten taten das auf ihre Weise und zeigten, daß sie mehr waren als ein landsuchender, primitiver Menschenhaufen. Sie stellten Fragen nach der Ursache, fanden sie und auch die Gegenmittel dafür. Die schädigenden Einflüsse nannten sie nicht Erdstrahlen, sondern ihren Vorstellungen gemäß waren es Teufel, böse Geister, die da aus der Tiefe wirkten. Sie suchten danach und bedienten sich dabei eines höchst simplen Gerätes: der Wünschelrute. Goethe nannte sie das „magische Reis“. Dieses magische Reis war leicht zu haben. Die Kelten nahmen es von der Haselnuß, Weide oder Birke.

Diese Sträucher haben entstrahlende Kraft und

sind gleichzeitig für Erdstrahlen leitfähig. Das ist zwar durch die moderne Wissenschaft nicht festgestellt, aber hundertfach durch praktische Anwendung erwiesen.

Man faßt die vom Baum – ohne Messer – entfernte Rute an beiden Enden, biegt sie zu einem leichten Bogen, hält sie so vor sich hin und geht locker über das zu erforschende Gelände. Wer nun dazu begabt ist, der spürt und fühlt den Ausschlag der Rute über erhöhter Erdstrahlung. Die Art des Ausschlages kündet an, ob die rutenbewegenden Kräfte durch Wasser, Erz oder andere strahlende Energien verursacht werden. Die Rutengänger erschließen heute noch den Bauern Wasseradern, geben die Stellen an, wo Brunnen gegraben werden sollen und sind auf dem Lande gesuchte Persönlichkeiten. Weder der Erste, noch der Zweite Weltkrieg am Balkan wären ohne die vielen Rutengänger zu ertragen gewesen, die im trockenen Karst das nötige Wasser für Mensch, Tier und Maschine erschlossen haben. Mit diesen Rutengängern hat die Erfahrungswissenschaft ihren großen Sieg errungen.

Wir werden nicht fehlgehen, wenn wir den alten Brauch der Bergwanderer, Hirten, Jäger und Wanderburschen, die viel auf den Beinen sind und sich gegen rasche Ermüdung Blätter von Beifuß und Beinwell in die Fußbekleidung einlegen oder einbinden, auf die Kelten zurückführen, dieses unermüdlich wandernde Volk. Sie dürften die abschirmende Kraft der beiden Pflanzen erkannt haben und auch die manch anderer Gewächse, denn sie überraschen uns laufend mit Pflanzenkenntnissen, von denen noch zu schreiben sein wird. Der Brauch ist jetzt noch auf den Spuren ihrer früheren Wege und Ansitze zu finden und dort überliefert.

Das Bild des Kelten, wie es später von den meist feindlichen und unverständigen Geschichtsschreibern entworfen wird und wie es der Leser vielleicht kennt, als das eines primitiven, grausamen und barbarischen Kämpfers, der die Köpfe seiner Feinde abschneidet und sammelt, ja konserviert und sich so im Besitz der Fähigkeiten seines getöteten Gegners glaubt, läßt sich schwer vereinen mit jenem gleichen Menschen, der sich ehrfürchtig und hilfesuchend zur Heilpflanze niederbeugt und Quellgöttern und helfenden Pflanzenelfen dankbar opfert; dennoch werden wir uns mit dieser Ambivalenz im Wesen der Kelten vertraut machen müssen. Sie wird uns immer und immer wieder recht überraschend begegnen.

Den Wanderwegen der Kelten folgte ein weitverbreiteter, vielgeschmähter Aberglaube, jener von der Gefährlichkeit der Kreuzwege. Wie ist er entstanden?

Gemeint sind nicht die kirchlich-christlichen, aus religiösen Gründen errichteten Kreuzwege, sondern die natürlichen Kreuzungen der Urstraßen. Diese wurden als gefährliche Orte bezeichnet, und das Volk hat recht. Hier auf den Kreuzungen kommen die aus dem Boden dringenden Erdstrahlen zu vielfacher Wirkung. Die Rutengänger bestätigen es.

Wer sich längere Zeit auf so einem Kreuzweg aufhält, so erzählt man sich, der kann Geister und früher Verstorbene sehen. Mit ihnen reden. Er hört und erfährt Dinge oder Vorgänge, die sonst niemandem zugänglich sind. Auf Kreuzungen könne man die Zukunft erfragen, sogar in die Zukunft schauen. So der Volksglaube.

Hier wird nun der skeptische Zuhörer oder Leser spotten und lachen. Er wird es nicht tun, wenn er gleichzeitig erfährt, daß im Frühjahr und Herbst die Zugvögel in Scharen auf natürlichen Kreuzungen nächtigen, obwohl sie, vom Menschen aus gesehen, viel bessere Rastmöglichkeiten in der Nähe hätten. Aber Zugvögel, mit ihrer natürlichen inneren Radarausstattung, müssen sich aufladen, um ihren angestrebten Ort anpeilen zu können, und das gelingt ihnen am besten an Orten mit starker Strahlungsfrequenz. Finden sie keinen solchen Ort zum Nächtigen, so kreisen sie in großen Höhen lange vor dem Abflug und laden sich auf, wie es an Versuchen mit Brieftauben nachgewiesen ist, die eine Spannung bis zu 75000 Volt erreichen.*

Diese wiederholten Einfälle der Zugvögel auf Kreuzwegen haben die wachsam beobachtenden Kelten sicher gekannt und die Zusammenhänge entdeckt. Die Zugvögel zeigten ihnen an, daß sie Verbindung zu höheren Mächten hatten, zu der von den Kelten oft zitierten „höheren Welt“: daß sie Botschaften von dieser „höheren Welt“ empfangen, ja vielleicht sogar vermitteln könnten. Deshalb wurden Zugvögel in manchen Keltengegenden verehrt (Wildente, Storch), und in Oberbayern ist diese Verehrung fast bis jetzt erhalten geblieben. Die Schwalbe ist allüberall der Liebling des Bauern, und gewiß nicht nur, weil sie Fliegen fängt wie andere Vögel auch.

Die Kelten haben Strahlungen erkannt und begriffen, aber auch sich nutzbar gemacht. Es wird daher nicht hergeholt erscheinen, wenn man annimmt, daß die Druiden, wie einst auch griechische Priester, ihre

* Vgl.: H. Fischer, Aberglaube oder Volksweisheit, Leipzig, o. J.: S. 158-159.

dazu geeigneten Helfer oder Helferinnen an bestimmten, ausgesuchten Orten, eben auf Kreuzwegen, weissagen ließen.

In manchen Orten geht man in der Thomasnacht (20. Dezember), also in einer der Rauhnächte, zu einem Kreuzweg, um in die Zukunft zu schauen. Von erwarteten Erfolgen ist mir nichts berichtet. Das mag daran liegen, daß in der eisigen Winternacht kein langer Aufenthalt am Kreuzweg möglich war und daher die notwendige Aufladung unterblieb.

In diesem Zusammenhang ist die Tatsache nicht uninteressant, daß die Kelten ihre Kultstätten nur an Orten mit positiver Erdstrahlung errichteten. Der Tiroler Diplomingenieur Jörg Purner hat dies in den Jahren 1967 bis 1979 an zwanzig Kirchen in Irland nachgewiesen.

Es ist anzunehmen, daß die Kultteilnehmer auf diese Weise die magische Ekstase oder jene ekstatische Verzückung erleben konnten oder wollten, welche die Kelten anscheinend brauchten und immer wieder suchten; so erklärt sich der Bericht antiker Autoren, daß sie sich im Kampf ekstatisch die Kleider vom Leibe rissen und nackt dem Tod entgegengingen. Ihre damaligen Gegner waren mit dieser Kampfbereitschaft wenig vertraut und bis zur Lähmung der Gegenwehr verblüfft.

Man wird verstehen, daß ich auf den von Aberglauben umraunten Kreuzwegen der Kelten auch mein Glück versuchen wollte; zumindest meine Neugier stillen, um Antwort auf manche Fragen zu erhalten.

So kam ich nach Przeboje, einen winzigen Weiler im Böhmerwald, dessen westliche kleine Ausläufer auf bayerisches Gebiet hineinragen und dort Bayerischer Wald heißen. Im Przeboje fand ich in der Witwe eines Köhlers eine kreuzwegkundige Böhmin, deren Vertrauen ich gewinnen konnte. Beitrug zu meiner Sympathie für sie, daß sie mir jedesmal, wenn ich sie besuchen kam, herrliche, böhmische Golatschen auftischte, eine köstliche Mehlspeise, die keine Konkurrenz zu scheuen braucht und ob ihres Wohlgeschmakkes im Lied besungen wird.

Diese runde, böhmische Kochkünstlerin erwies sich als wahre Fundgrube von überlieferten Geschichten über die Gefährlichkeit der Kreuzwege. Sie führte mich bereitwillig zu einem sehr verrufenen Kreuzweg, der sogar bei hellem Tag in seiner dickichtverstrickten Düsterkeit unheimlich wirkte. Hier nun sollte es verläßlich spuken, geistern, so daß man nächtlicherweile allerhand Stimmen hören, ja sogar Geister sehen könnte.

Eines Tages kam des Waldmüllers einziger Sohn, ein Studiosus der Naturwissenschaft, zu den Ferien nach Hause. Wir kamen ins Gespräch. Der junge Mann erwies sich interessiert, und als ich ihm erklärte, daß ich auf den Spuren der Kelten nach dem Ursprung der abergläubischen Bräuche suche, versprach er spontan, mir zu helfen. Ich nahm das für eine höfliche Redensart, aber ich täuschte mich. Er war jung, begeisterungsfähig und ein echter Tscheche, fleißig, genau, ehrgeizig und begabt. Nach einem Jahr erhielt ich das Resultat seiner damals gemachten Forschungen, und es half weitestgehend dazu, den Keltenglauben und Aberglauben von Geistern auf Kreuzwegen zu erklären. Der junge Tscheche hatte sich für meine Interessen große Mühe gemacht. Seine Messungen waren gründlich und exakt und verrieten den begabten, verantwortungsbewußten, künftigen Wissenschaftler. Die Messungen ergaben einwandfrei, daß sowohl die elektrische Stromstärke als auch der Erdmagnetismus im Bereich der Urstraßen und besonders auf den Kreuzwegen um vieles höher waren als abseits von ihnen. Der Keltenglaube an die Wirkung der Erdstrahlen (oder der Teufel) an Kreuzwegen und Urstraßen und der ihm folgende Aberglaube hatte für uns einen ersten, faßbaren Grund erhalten.

Przeboje existiert nicht mehr, die paar Häuser sind verlassen, die Einwohner weggestorben. Niemand wird mehr vom gefährlichen Kreuzweg erzählen oder gar ihn noch aufsuchen. Verweht sind die Erinnerungen und die Spuren der Kelten. Vielleicht doch nicht für immer. Vielleicht werden ihre vergessenen und auch belachten Weisheiten von der modernen Wissenschaft aufgegriffen und mit Hilfe heutiger Forschungsmethoden entschleiert. Sie können ihren Zauber bewahren, auch dann, wenn man ihre Wurzeln bloßlegt, denn diese gehen hinab zu den Urgründen des Lebens. Die Zeit spielt keine Rolle.

Die Wahrheit kann warten. Sie stirbt nicht.

KAPITEL VI

EINHAUSEN

Die Wandlung vom Nomaden zum Seßhaften spielt sich immer in der gleichen Weise ab, nur nach Klima und lokalen Umständen verschieden. Die Ethnologen haben es unzählige Male beschrieben, und es erübrigt sich, daß es hier noch einmal geschieht.

Die Kelten haben den Einzelhof als Siedlungsform bevorzugt und nur dann geschlossen gesiedelt, wenn Bedrohung von außen eine gemeinsame, wehrhafte Siedlung nötig machte, die sie dann mit festen Wällen sicherten. Diese Wälle, später auch in Stein ausgeführt, standen den römischen Befestigungen nicht nach und haben selbst die Anerkennung des militanten Cäsars gefunden.

Ein keltischer Einzelhof bestand aus vielen Gebäuden, um eine Großfamilie, die bis zu zweihundert Mitglieder haben konnte, zu beherbergen und zu ernähren, sie mit Kleidern und Geräten zu versorgen. Auch brauchte man genügend Stallungen und Vorratshäuser oder Vorratsgruben. Als Baumaterial, zumal in den Rodungswäldern, verwandten sie – naheliegend – Holz, und von solchen Siedlungen ist nach einigen tausend Jahren nicht allzuviel übrig geblieben.

Man muß sich so einen keltischen Hof vorstellen: In weitem Umkreis, in stolzer Einsamkeit allein, nur auf sich gestellt, galt es, sich mit allem zu versorgen, was gebraucht wurde, bis zu den Heilmitteln bei möglicher Erkrankung. Gekauft und eingeholt konnte nichts werden, denn es war niemand da, der etwas anbot; alles, aber auch alles, was zum Lebensbedarf gehört, mußte in diesen Großfamilien durch Viehzucht, Ernte, Jagd und Sammlung herangeholt und durch eigene Verarbeitung ergänzt und gebrauchsfertig gemacht werden.

Üblich war es auch, wie heute noch in katholischen Gebirgsgegenden, daß einer der Söhne aus der Großfamilie den geistlichen Beruf ergriff, also nach keltischer Vostellung Druide wurde. Dieser blieb nach erfolgter, meist langjähriger Ausbildung (bis zu zwanzig Jahre!) am Hof und unterwies die Ansassen in den umfassenden geistigen Belangen der Kelten.

Zu diesen geistigen Übungen zählte vor allem der forschende Blick zum Himmel, denn die Vorgänge dort oben hielten die Kelten für so eng mit denen auf Erden verbunden, daß sie eifrig bedacht waren, in Harmonie mit ihnen zu leben. Der Druide gab die Unterweisungen.

Diese Unterweisung geschah spontan, dem Augenblick angepaßt, phantasiereich, den örtlichen Gegebenheiten und den stets neu auftretenden Umständen Rechnung tragend. Nur so ist es erklärlich, daß sich neben den pankeltischen Himmelsgöttern eine Unzahl von lokalen, ja Hausgöttern entwickelten, mit denen man sehr vertraut und familiär umgehen konnte und es auch tat. Die Erinnerung an sie ist keineswegs verloren gegangen. Sie finden munter und lebendig ihre Entsprechung in den katholischen Heiligen, die zum Großteil keltischen Ursprungs sind und aus keltischen, himmelsbezogenen Vorstellungen stammen. Ein kleines Beispiel: Ab 20. Jänner betrachteten die Kelten und auch unsere Holzhauer bis vor wenigen Jahrzehnten die Bäume als nicht mehr schlagbar, weil ab diesem Tag der Saft zu steigen beginnt. Und wir sehen, daß die an diesem Tag gefeierten katholischen Heiligen, Fabian und Sebastian, das Volk zu dem Brauchspruch veranlaßt hat: „Fabian, Sebastian, läßt den Saft in die Bäume gahn!“

So spielen die Kalenderheiligen vielfach noch die gleiche Rolle wie einst bei ihren heidnischen Schöpfern. Noch immer wird der Heilige Christophorus angerufen, bevor man eine weite Reise antritt, oder der heilige Antonius bewogen, er möge bei der Suche nach einem verlorenen Gegenstand mithelfen.

Die ständige Anwesenheit eines Druiden im Hofe der Großfamilie machte jeden dieser Höfe zu einem

Kultort mit Hausaltar und auch häufig mit einem Opferstein. Weil aber begabte Völker aus Kulten meist Kultur entwickeln, entstand auf diese Weise eine still, aber leidenschaftlich geübte, im Verborgenen wachsende, weitverbreitete und allen Kelten eigene, einheitliche religiöse Kultur. So kam es, daß die Kelten, wenn nötig, nicht nur kriegerische Gemeinschaften waren, sondern zugleich auch Sakralverbände mit weit ausstrahlender Kraft.

Die Vielfältigkeit ihrer Götterwelt und deren ständige Veränderlichkeit machen es der Keltenforschung sehr schwierig, die geistig religiösen Bräuche zu erfassen und allgemein gültig darzustellen.

Eine, das keltisch geistige Fühlen kennzeichnende Lebensform war die enge Bindung an die Natur und in der Folge die Beseelung ihrer Erscheinungen.

Wir wissen nicht, aus welchen versiegelten Tiefen einer Volksseele jene Kraftvorstellungen und Gestalten immer neu geboren und erschaffen wurden, die sich zu Wesenheiten und Göttern verdichteten und schließlich ein Volk beherrschten, das sie erschuf. Die Kelten erschufen sie tatsächlich in ununterbrochener, nimmermüder unerschöpflicher Phantasie. In das Machtausgreifen dieser Gestalten betteten sie dann ihre Bräuche.

Sie hatten, wie schon erwähnt, die Fähigkeit oder die Eigenschaft, hinter den sichtbaren Formen der sie umgebenden, belebten Welt, in Pflanzen, Tier und Stein, in Gebirgen und Wässern, ein anderes als das sichtbare Wesen und Leben zu ahnen, das ihnen wesenhafter und wirklicher schien als das mit den Sinnen faßbare. Dieses stärkere, andere Leben erschloß sich ihnen in eigenartiger, vielfacher Weise. Sie nannten es die „andere Welt“, und immer wieder ist von ihr die Rede.

Einer Heilpflanze zum Beispiel, deren geheimnisvolle Kraft des Heilens wirksam, aber nicht faßbar war, schrieb man deshalb einem Elf zu; das ist eine kleine Gottheit, ein Geist, der in der Pflanze haust und das Heilen bewirkt. War die Pflanze giftig, nun, so wohnten eben zwei Geister in ihr, ein guter und ein böser. Man mußte lernen, sie zu scheiden und zu unterscheiden. Man verehrte diese Elfengeister und huldigte ihnen, ja man opferte ihnen zeitweilig sogar.

So entwickelte sich eine ehrfürchtige Haltung gegenüber allem Pflanzenleben, und es wäre undenkbar gewesen, daß man Pflanzen verwüstet hätte. Dem Glauben der Kelten nach würden sich die Pflanzen gerächt und dem Frevelnden die Heilkraft zur Strafe versagt haben, wenn er sie einmal benötigt hätte.

Pflanzenkulte haben sich aus der Keltenzeit bis heute erhalten und leben auch in manchen kirchlichen Bräuchen, bei Pflanzensegnungen etwa um Ostern oder am hohen Frauentag (15. August), in verschiedenen Gegenden weiter.

Infolge der Seßhaftigkeit, des Einhausens, entwickelten sich die Bräuche über die ganze Rundung des natürlichen Jahres und durchflechten sie, heute noch überliefert, wie ein reicher Blütenkranz. Sie sind so zahlreich und verschieden, daß sie eine eigene Wissenschaft beschäftigen könnten.

KAPITEL VII

WEIHNACHTSBRÄUCHE

Wenn Bräuche hier aufgezählt und behandelt sind, so soll zunächst ausgesprochen werden, daß es sich dabei nicht um wissenschaftliche Fragen handelt, auch nicht um strenges Denken über tote Dinge, sondern es ist vom Leben die Rede, vom Leben des Alls und seinem Erdenanteil und von den Mitteln, dieses Leben hier lebenswert, reibungslos und harmonisch zu gestalten. Diese Mittel sind zusammengefaßt in dem, was man Weisheit nennt. Sie ist im Gegensatz zu Wissenschaft und Philosophie nicht lehrbar. Sie ist ein Gefühl, ein inneres Vermögen, ruht im Wesen, das man hat oder nicht hat, und erfaßt immer das Ganze selbst, auch wenn es in der Einzelheit unwissend ist; erfaßt es tiefer und richtiger, als wenn es eine Fülle entbehrbares Einzelwissen sein eigen nennen würde. Sie war unbestreitbar Teil des Wesens der keltischen Lehrer, der Druiden. Die Bräuche waren organisierte, praktische Ausführung ihrer Weisheit.

Das natürliche Sonnenjahr beginnt mit der Wintersonnwende in dem Augenblick, da die Sonnenbahn von ihrem Tiefpunkt wieder aufsteigt, und endet dann, wenn die Sonnenbahn ihren Bogen geschlossen hat und nach dem Höhepunkt im Sommer wieder dem winterlichen Tiefpunkt zueilt.

Dieses natürliche Jahr mit seinen Unterteilungen, den Monaten, Wochen und Tagen, war den Kelten der Rahmen, in dem sie trachteten, in Harmonie mit allen Vorgängen rund um sie herum ein gesundes, fruchtbares und heiteres Leben zu führen.

Die Widderzeit war ihnen von den Druiden aufgezeigt als jene Zeitspanne, in der sie emporwachsen, zahlreich und mächtig werden sollten, aber auch wieder untergehen mußten, um auf diesem Wege ihre Aufgabe im Menschheitsgeschehen zu erfüllen.

Für die Kelten war die Wintersonnwende nicht nur ein von den Druiden errechneter, astronomischer Punkt, sondern das, was sie in Wirklichkeit ist, eine Lebenswende, die mit mächtigen Kräften auf alles Leben der Erde einwirkt, es fördert, aber auch gefährden kann.

Durch besondere Vorgänge und Zusammenhänge sind alle kosmischen Vorgänge, die auch die Erde betreffen, wie Mondwechsel, Sonnwend, magnetische Stürme auf der Sonne, auch Sternschnuppenfälle erst nach ungefähr zwei Tagen auf der Erde in voller Wirksamkeit fühlbar. Daher treffen auch die Kräfte der Wintersonnwend vom 22. Dezember die Erde erst am 24. Dezember in voller Stärke. Erst dann beginnen die Auswirkungen der mit der Sonnwend verbundenen Lebenswende und dauern in ihrer Gefährlichkeit zwölf Nächte an. Die Alten rechneten nach Nächten wie wir nach Tagen. Diese zwölf Nächte, Rauhnächte genannt, sind die Zeit, innerhalb derer sich das Leben auf Erden erst in die neue Lage des erfolgten Lebensanstoßes nach der Sonnwend einpendeln muß. Die Nacht von dem 24. auf den 25. Dezember ist daher die Mutternacht des neuen Lebens, der neue Beginn, der richtige, echte Neujahrsanfang.

Er stellt so viele und große Anforderungen an Leben und Gesundheit, daß ihm mit entsprechenden Hilfs- und Stützmaßnahmen begegnet werden muß, soll die Wintersonnwend gesund überstanden werden. Alle praktischen Ärzte kennen die Erfahrung der jäh ansteigenden Krankheitskurve um die Weihnachtszeit.

Vor allem galt es daher, den Beginn der Wintersonnwend genau feststellen zu können, und das war für den einzelnen nicht immer leicht, wenn Schneestürme und Wolkenbildung die Himmelsbeobachtung verhinderten. Um trotzdem den genauen Zeitpunkt zu erfahren, fanden die Kelten Hilfe zur datumsmäßigen Feststellung in dem ersten und ungemein zarten und poetischen, allgemein zugänglichen Brauch: dem Barbarazweiglein.

Dieser Brauch muß nicht näher erklärt werden, denn tausende Frauen pflücken (nicht schneiden!) in vielen Ländern heute noch alljährlich am 4. Dezember einen Zweig vom Kirsch-, Birn- oder Pflaumenbaum. Diese Zweiglein werden in einem Gefäß mit Wasser in einen warmen Raum gebracht und stehen dort, still harrend, bis sich am Morgen des 24. Dezembers, zur Freude aller, die Blüten erschließen und dadurch Sonnwend anzeigen. Das heißt, sie erschlossen sich, denn durch die in unseren heutigen Wohnungen eingebauten elektrischen Kabel und verschiedenen Rohrleitungen werden die zarten Lebensanwirkungen auf die Knospen so gestört, daß diese Lebensuhr nicht mehr genau geht und sich die Blüten auch schon vor dem 24. Dezember öffnen können. Aber noch zur Jahrhundertwende gingen die Barbarazweiglein ganz genau. Am frühen Morgen des 24. Dezember öffneten sich die zarten Blüten und kündigten an: „Die Weihnacht, das neue Leben, das neue Jahr ist da! Vorsicht ist geboten, Lebens- und Gesundheitsvorsorge müssen einsetzen!"

Bevor wir weiter gehen, wollen wir uns das Datum des 4. Dezember genauer ansehen. Zunächst hat die katholische Kirche den überlieferten Brauch übernommen, indem sie den 4. Dezember einer Heiligen zugeeignet hat, welche die Nachfolge einer keltischen Göttin antrat. Auch der 5. und 6. Dezember bleiben nicht unbeachtet. In diesen Tagen versinkt die Erde in unseren Breiten in einen erstarrten Tiefschlaf. Wie in tiefer Ohnmacht liegt sie da, alle Lebensvorgänge schweigen; und doch regt sich gerade jetzt in geheimnisvoller Weise die Bereitschaft zu neuem Leben.

Auf welche Weise dieses Datum neuer Lebenskraft in der Zeit des tiefsten Winters den Kelten bekannt wurde, wird wohl immer rätselhaft bleiben. Daß aber dieser Vorgang scheinbaren Todes neben der Bereitschaft zu neuem Leben bekannt war, bezeugt der Glaube, an diesen Tagen steige die Erdmuttergöttin hinab in die Erdtiefen, um sich dort dem Tiefengott Esus zu vermählen und das geheime Drängen und Sprossen des neu erwachenden Frühlings anzutreiben. Ein besonderes Tun um dieses Datum ist der Nikolausbrauch am 6. Dezember. Er wird noch gesondert behandelt werden, denn er ist ein vorweihnachtlicher Brauch von großer, beispielhafter Bedeutung.

Der 24. Dezember, als entscheidender Lebensanstoß, mußte gesundheitlich entsprechend vorbereitet werden. Die durchgreifendste Maßnahme war strenges Fasten. An diesem Tag wurde nichts gegessen, um dem Körper Gelegenheit zu geben, sich zu entschlakken und nicht zusätzlich durch Verdauungsvorgänge in Anspruch genommen zu werden. Dieses Fasten wurde streng eingehalten und wird es in weiten Teilen des ländlichen Europas noch heute, allerdings unter christlich-katholischen Vorzeichen. Das überrascht nicht, denn Fasten ist heute ein allbekanntes und vielverwendetes Mittel, um die angeschlagene Gesundheit durch Entschlackung wieder herzustellen.

Professor Dr. Lothar Wendt, Frankfurt/Main, äußert sich so: „Wenn die Poren der Kapillarwände (das sind die kleinsten Blutgefäße) und der Bezirke dahinter, also die Transitstrecke zu den Organzellen, durch Ablagerungen verstopft sind, ist der Ernährungskreislauf ernstlich behindert. Diese Ablagerungen bestehen vorwiegend aus Eiweiß. Die schier unglaubliche Menge von 5 kg bis zu 15 kg solcher Eiweißablagerungen in den Kapillarwänden und dahinter bei Eiweißüberfütterten ist der Hauptgrund dafür, daß heute Herz- und Kreislauferkrankungen 50 % der Todesfälle ausmachen."

Wir müssen das im Gedächtnis behalten und uns vorstellen, welche Belastung solche Ablagerung und Verstopfung der Kapillaren für den Körper bedeuten. Kommen da bei kritischen Tagen mit vermehrter kosmischer und Erdstrahlung noch hohe Anforderungen hinzu, ist es leicht vorstellbar, daß es dann zu Erkrankungen, ja zum Tode kommen kann.

Auf dieser Erkenntnis beruhen viele vorsorgliche Gesundheitsmaßnahmen und Bräuche der Kelten, und es muß angenommen werden, daß sie die körperlichen Vorgänge und Zusammenhänge gar wohl kannten, sonst wären viele ihrer vorsorglichen Bräuche unverständlich.

Die Ernährung der damaligen wandernden oder kurz anpäßigen Volksgruppen bestand hauptsächlich aus gezüchtetem oder erjagtem Fleisch, vermischt mit Wurzeln und Kräutern. Die weniger mit Eiweiß überlastete Körnernahrung kam erst nach längerem Bauernleben dazu. Deshalb mußten die Kelten bei Beanspruchungen für Entschlackung sorgen. Das taten sie auch, durch genau angepaßte Fastentage, die sich anscheinend aufs Beste bewährt haben, denn dieses naturgeforderte Fasten ist im christlichen Ritus übernommen worden, wenn auch nicht gerade datums- oder naturgerecht. Im großen und ganzen wird es zu jenen Festen geübt, die einst von den Kelten geschaffen wurden und in unser Leben eingegangen sind.

Der Weihetag des 24. Dezembers wurde also Fasttag und war die erste vorsorgliche Übung für die Gesundheit, der in den nächsten Tagen weitere folgten.

Die Sonnenstrahlung mit ihrer elektromagnetischen Kraft stieg an und ebenso die Erstrahlung; Abwehr und Anpassung mußten verstärkt werden. Die Kelten fasteten nicht nur, sondern sie stellten auch die Ernährung um. Es wurden an den kritischen Tagen nur leichte Speisen gegessen, belastende vermieden. Bei ansässigen, schon bäuerlichen Gruppen, wurden die Speisen aus leicht verdaulichem, weißem Mehl hergestellt und in Formen gebacken, die auf einschneidende Naturvorgänge hinwiesen: in Scheibenform, um an die Sonne zu erinnern; in einer Art verschlungenem Kringel, als Symbol für den geschlossenen Jahresablauf; in Sternform, die zur Himmelsschau hinaufwies; in Wickelkindform, um das neugeborene Leben durch die Sonnwend zu betonen. Solche Urformen sind in alten Bauernhäusern noch zu finden und in unseren heutigen Keksformen erhalten.

Die Germanen, welche viel von den keltischen Verhaltensweisen und Kulten (Eichenkult) übernommen haben, sind auf diesem Gebiet noch etwas weiter gegangen und haben, ihrem Sonnenkult gemäß, manche Symbole abgewandelt.

Zur Regenerierung des Körpers hielten die Kelten ein Kultessen ab zu den Feiertagen, die ja stets an kritischen Tagen angesetzt waren. Ein Hauptbestandteil dieses Essens war der Mohn, eine Pflanze mit sehr charakteristischen Eigenschaften.

Ihren traditionsgebundenen Anbau in Europa findet man dort verbreitet und zu Hause, wo das Herzstück der keltischen europäischen Entwicklung liegt, in Böhmen und den angrenzenden Randgebieten, wo blühende Mohnfelder zur Landschaft gehören, ebenso wie die verschiedenen Mohnspeisen auf dem Tisch. Die Varianten dieser Mohnspeisen füllen manche Speisekarten. Mohn ist zwar keine leichte, aber, richtig dargeboten, eine beruhigende Speise und kann an den Tagen, welche die Nerven erregen, die Konzentration behindern und gereizte Gemüter aggressiv machen, zur Harmonisierung des Lebens beitragen. Mohn als Opiate, wie man sie heute versteht und gebraucht, sind aus europäischen keltischen Frühsiedlungsgebieten nicht überliefert. In den böhmischen und benachbarten Gebieten ist er heute noch zu den Feiertagen eine selbstverständlich präsente Speise und als Fastenspeise eine geschätzte Spezialität. Seine ursprüngliche Zweckgebundenheit freilich ist vergessen.

Ein ländlicher Brauch am 28. Dezember, dem katholisch so bezeichneten Kindlestag (Fest der unschuldigen Kinder), ist das Kinderfitzeln oder Kitzeln, mit Hasel- oder Weidenruten. An diesem Tag werden die Kinder nach altem Brauch mit Reisigbesen aus Hasel-, Birken- oder Weidenruten gefitzelt. Ursprünglich strich man ihnen unter leichtem Schlagen mit der Rute den Körper entlang. Dieses leichte Schlagen war nicht etwa eine Strafmaßnahme, weil sie unartig gewesen waren, sondern eine Entstrahlungsmaßnahme, wie sie auch zum gleichen Zwecke in der finnischen Sauna von eh und jeh geübt wird.

Es hatte sich gezeigt, daß Kinder um Weihnachten besonders ungebärdig waren, und man fand dieses Beruhigungsmittel.

Das gleiche Streichen und leichte Schlagen des Jungviehes in den Rauhnächten, das noch Anfang dieses Jahrhunderts allgemein geübt wurde, hatte ursprünglich den gleichen Zweck, nämlich unerwünschte und krankmachende Aufladung abzuwenden.

Leider ist, wie bei so vielen Bräuchen in diesem Jahrhundert, die Durchführung in grober Weise ausgeartet, indem dort, wo der Brauch noch geübt wird, junge Burschen auf die Mädchen unter Gejohle und Herumschlagen eindreschen. So ist aus einem heilbringendem Tun eine sinnlose, barbarische Volksbelustigung geworden.

Strahleneinwirkung kann auf die Dauer dem Leben schaden, wie wir schon erfahren haben. Sie schafft unerwünschte Aufladung, die ihrerseits wieder Erregungszustände auslöst. Diese Erregungszustände beanspruchen das Nervensystem, bewirken Unruhe, vermindern den Appetit, schaffen Verdauungs- und Kreislaufschwierigkeiten und schließlich mangelnde Fähigkeit, sich zu beherrschen und überlegt zu handeln. Sie steigert aber auch die Liebessehnsucht, beeinträchtigt jedoch gleichzeitig bei zu starker Einwirkung die Empfangsfähigkeit der Frau und die gesunde, kräftige Samenbildung des Mannes. Um das zu verhindern und weil die Kelten glaubten, daß in den 12 Rauhnächten ganz besonders die Hexen (kosmische Strahlung) durch die Luft reiten und die Teufel (Erdstrahlung) schädigend unterwegs wären, schuf man Schutzmaßnahmen.

Gegen die Anstrahlung von unten, also gegen die Teufel, half das abschirmende Bettstroh, auf dem man vorsorgend schlief. Man kannte am Keltenhof Hanf und Schafwolldecken, ja, man hätte sogar Federn benützen können, um darauf zu liegen, denn die Gans war ein häufiges und geschätztes Haustier. Stroh schirmt jedoch zur Gänze jede Erdstrahlung ab und ist die gesündeste Schlafunterlage überhaupt. Um die abschirmende Kraft des Strohlagers noch zu steigern, wurden dem Stroh noch extra getrocknete, strahlenschluckende (hexenvertreibende!) Kräuter beigegeben. Sie wurden sorgsam ausgewählt für den Strohsack der Frau, andere für den Strohsack des Mannes. Zwei Pflanzennamen erinnern noch an diesen Brauch „Liebfrauenbettstreu" und das bekannte blaue Blümchen „Mannstreu". Dieses Blümlein erinnert durch seinen Namen keineswegs an Männertreue, sondern ist schlicht und einfach „Mann-Streu", seiner dienende Wirkung im Strohsack nach.

Von unten her wußte man sich auf diese Weise genügend geschützt. Was aber wurde getan, um sich gegen die vermehrte kosmische Strahlung von oben her zu schützen? Gegen die „Hexen"?

Hier muß vor allem einer Pflanze gedacht werden, der Mistel, die auf den britischen Inseln den Weihnachtsbaum ersetzt. Wie kein anderes Gewächs entspricht sie so innig dem aus der Wintertiefe der stillen Wochen neu erwachendem Jahr. Genau wie das zur Neige gegangene Tagesgestirn in sich bereits das Wiederemporsteigen verkörpert und damit auch die Entfaltung jungen Lebens, so umschließt die seltsame, zu Beginn des natürlichen Sonnenjahres ihre Früchte tragende Mistel das aufkeimende Leben. Sie gedeiht vorwiegend auf weichholzigen Bäumen, auf Pappeln, Linden, Apfelbäumen und Nadelhölzern, selten auf Eichen. Keineswegs lebt sie nur auf Kosten des Wirtsbaumes, wie oft behauptet wird. Sie ist kein Schmarotzer, sondern entnimmt dem Gastbaum nur das Wasser und die in ihm gelösten Salze. Durch Messungen hat man gefunden, daß die Mistel Standorte mit erhöhter Erdstrahlung bevorzugt, also auf Bäumen wächst, die bestrahlt stehen.

Sie selbst wird durch Bestrahlung nicht geschädigt, sondern ist ein Strahlungsfreund, ja, sie schützt die von ihr befallenen Bäume gegen schädigende Strahlungseinflüsse. Ihr Wirtsbaum hat, wie man beobachten kann, keine krebsigen Wucherungen, wie sie sonst auf strahlengeschädigten Bäumen die Regel sind.

In Räumen, wo die Wünschelrute ausschlägt, die also bestrahlt sind, verschwindet der Rutenausschlag sofort, wenn in dem Raum ein Mistelbusch aufgehängt wird.

Durch diese besonderen Eigenschaften ihrer strahlenabwehrenden Kraft ist die Mistel so außerordentlich geschätzt worden, daß um sie nicht nur Sagen und Märchen entstanden sind, sondern die Kelten den Mistelstrauch auch für heilig hielten. Sie spielt in der Medizin eine bedeutende Rolle, und in der Volksmedizin gilt sie als ein Mittel gegen Krebs. Leider ist sie im allgemeinen Bewußtsein als heilbringende Pflanze kaum bekannt und wird um Weihnachten herum nur mehr als Modebrauch in den Räumen aufgehängt. Wie man sieht, erhalten sich naturgeborene Bräuche über Jahrtausende.

Rauch und Räuchern

Die bis jetzt geschilderten Schutzbräuche um Weihnachten werden durch eine Maßnahme ergänzt, die an jedem Tag der Rauhnächte durchgeführt wurde und heute noch in vielen ländlichen Gegenden daheim ist.

Es ist das Räuchern. Diesen so vielfach vorgenommenen Brauch kennt wohl jeder Landbewohner. Vielleicht hat er auch den Rauhnächten den Namen gegeben (Rauchnächte)?

Da die Kunde über Volksbräuche lange Zeit eine sterile Schreibtischwissenschaft geblieben ist, dringt man zu den wirklichen Wurzeln der Bräuche erst langsam vor. Das Räuchern müssen wir aber von einer Seite sehen, die seinen Ursprung bewirkt hat: als Gesundheitsvorsorge.

Täglich geht in den Rauhnächten der Bauer mit der Räucherpfanne durch Haus und Stall, in jeden Raum. Wenn er dabei Gebete murmelt, so ist es kaum anders, wie seinerzeit der Räuchergang des Keltenbauern, der in Begleitung des Druiden erfolgte, welcher die Weiheworte sprach.

Auf der Glut der Pfanne verschwelten Kräuter mit abschirmender Kraft, heute wie einst; abschirmend gegen die bösen Geister, welche, wie wir schon wissen, von den Kelten Hexen oder Teufel genannt wurden. Von den Hexen wußten sie, daß sie durch die Luft daherreiten und besonders in den Rauhnächten Unheil stiften. Wir nennen diese Hexen kosmische Anstrahlung und bewundern jene keltischen Weisen, die längst schon Dinge wußten, die wir erst jetzt in der Lage zu erforschen und zu entdecken sind.

Ein bewährtes und in der ganzen Welt bekanntes und gebrauchtes Abschirmmittel ist der Rauch. Wer die Kulturgeschichte der Menschen verfolgt, wird unschwer feststellen können, welche allgemeine und fest verwurzelte Verwendungen Rauch, das Räuchern und Rauchen im Leben vieler Völker findet. Das Einatmen des Rauches bestimmter, verkohlter Kräuter zum Zwecke der Betäubung oder zum Erreichen eines gesuchten, rauschähnlichen Zustandes oder auch zur Lösung eines Asthmakrampfes ist uralt.

Der aufsteigende Rauch aus einer Wohnstätte ist das Zeichen der friedlichen Herdstätte für den Wanderer, Ziel der Sehnsucht des Einsamen. Der Rauch wird nicht nur als Nachrichtenvermittler bei Naturvölkern gebraucht, sondern auch als Abschirmung gegen Frost und Schutz gegen Fäulnis durch Räuchern des Fleisches, der Wurst, des Käses.

Daneben gibt es in ländlichen Gebieten die weitverbreitete Sitte des Ausräucherns von Krankenzimmern, von Wohnungen und Stallungen zu bestimmten, gesundheitskritischen Zeiten.

Das Räuchern scheint nicht nur kultischen, sondern noch mehr gesundheitsvorsorgenden Ursprungs zu sein, denn das Räuchern wird auf die abschirmende Wirkung des Rauches und seines Niederschlages, des Rußes, bezogen und ist in ländlichen Gegenden überall bekannt und im Volksglauben und Brauchtum fest verankert.

Durch seine abschirmende Kraft verhilft der Rauch den unter ihm sitzenden Menschen zu ungestörter Konzentration, und in diesem Sinne sehen wir ihn oft verwendet. Dieselbe Erfahrungsweisheit dürfte die Ursache des zeremoniellen Pfeifenrauches der Indianer bei wichtigen Beratungen sein, zu deren Erfolg man konzentriert denken und überlegen muß.

Der Brauch kultischer Räucherungen in den Kirchen bei Gottesdiensten und anderen Kulthandlungen läßt sich zwanglos erklären, denn auch zum Beten gehört Konzentration; vielleicht sollte auch eine betäubende Wirkung auf die teilnehmenden

Gläubigen erzielt werden. Viele Raucher behaupten, daß sie geistig konzentrierter arbeiten könnten, wenn sie rauchen, was sie freilich dem Nikotin zuschreiben und nicht dem Rauch. Es ist als sicher festgestellt worden, daß in Räumen mit offener Herdstelle und verrußter Decke sich heikle Lebensmittel länger frisch erhalten. Bevor es Kühlschränke gab, hat die Bäuerin überall die Milch in der Rußkammer (Räucherkammer) aufbewahrt, damit sie nicht vorzeitig sauer wird.

Nervöse Unruhe gibt es in einem Raum mit offener Herdstelle und verrußter Decke praktisch nicht. Der Rauch zieht langsam entweder durch die Fachritzen oder durch eigene, geschickt angebrachte Lüftungsklappen ab. Jedenfalls verweilt er lange genug über den Häuptern der Anwesenden und über den aufbewahrten Lebensmitteln, um eine abschirmende Wirkung zu erzielen. Abschirmend wogegen? Der einfache Mann antwortet: gegen Föhn, gegen Nervosität, gegen Wetterfühligkeit; der moderne Forscher sagt: gegen die kosmische Anstrahlung, und dasselbe sagt der Kelte: gegen die durch die Luft reitenden Hexen. Ein Bedürfnis zum Selbstrauchen entsteht in solchen verräucherten Räumen nicht all zu häufig, und es ist leicht zu beobachten, daß auf Almen mit offenen Herdstellen die Senner weit weniger rauchen und oft überhaupt Nichtraucher sind. Wer im Zweiten Weltkrieg auf die Almen um Lebensmittel hamstern ging, konnte erfahren, daß er gegen Zigaretten oder die Raucherkarte nichts eintauschen konnte.

Kulturvölker, die schon vor Jahrtausenden großartige Heizanlagen bauten, wie etwa die Römer, hielten an einer offenen Herdstelle irgendwo im Hause fest, und das wird wohl seinen Grund gehabt haben.

Gold und Silber

Gold und Silber schmücken überreich den Weihnachtsbaum. Was ist ihre Aussage? Hängen sie nur zufällig da, aus Schmuckbedürfnis?

Nun, wer im Gebirge wandernd einem Jäger begegnet oder auch einem Almer, in dessen einem Ohrläppchen ein Goldplättchen befestigt ist (heute auch in der Stadt modern), ein sogenanntes Flinserl, der wird vielleicht stehen bleiben, ins Gespräch mit dem Manne kommen und ihn fragen, was denn dieses Goldplättchen am Ohr zu bedeuten habe; daß es weder Schmuck ist, noch durch seinen Wert beeindrukken soll, ist zu vermuten. Es muß daher ein anderer Wertgrad dieses Goldplättchens den Mann bestimmen, es zu tragen.

Man erfährt es: Dieses Plättchen ist ein magischer Wert für den Mann, denn er behauptet, durch das Tragen dieses Goldflinserls am Ohr sähe er nicht nur besser, sondern könne auch ruhiger zielen und schießen.

Wenn in einigen der bäuerlichen Gegenden während der Rauhnächte in die Astgabeln kränkelnder Bäume Gold- und Silberstücke gelegt werden, wenn ein graduierter Arzt, wie es vor zwanzig Jahren in einem Gebirgstal geschehen ist, einer Frau, die wegen ständiger Halseiterungen zu ihm kam, riet, sie solle es mit dem Tragen goldener Ohrringe versuchen, was die Frau tatsächlich mit Erfolg getan hat; wenn der Jäger mit dem Goldflinserl als gerühmter Schütze bekannt wurde, so ist das doch mehr als eine abergläubische Spielerei.

Gold und Silber, reichlich zur Weihnachtszeit verwendet, gehört zu den Weihnachtsbräuchen. In die

Astgabeln der Bäume gelegt, sollen sie Krankheit und Fäulnis verhindern.

Was hat es mit nutzbringenden Eigenschaften des Goldes oder Silbers auf sich?

Gold wird in der Naturheilmedizin als Mittel gegen Frauenleiden angewandt. Gold und Silber besitzen beide bakterientötende Ausstrahlung. Man kann es leicht nachprüfen, indem man einen echten Gold- oder Silberlöffel in ein Gefäß mit bakterienverseuchtem Wasser steckt; in etwa einer halben Stunde ist das Wasser völlig keimfrei. Darüber hinaus muß man beim Beispiel des Jägers und der halsleidenden Frau auf heilbringende Ausstrahlung des Goldes schließen, vielleicht auch auf Entstrahlungsfähigkeit, um etwa den Jäger so zu beruhigen, daß er beim Anblick des gesuchten Wildes zum sicheren Schuß kommt.

Die Kelten liebten Gold und Silber außerordentlich, wie die Historiker berichten. Sie legten diese Edelmetalle verarbeitet oder in rohen Stücken auf die Altäre ihrer Götter und Cäsar raubte diesem Volke soviel Gold, daß es in Rom im Wert beträchtlich sank. Jeder Kelte trug den „Torques“, einen Gold- oder Silberring, eng um den Hals. Lange wurde um die Bedeutung dieser Halsringe gerätselt. Derzeit werten einige Keltenforscher den Torques als Mondtalisman, was man glauben kann, wenn man die Zusammenhänge kennt, in denen die Kelten dachten. Wahrscheinlich kannten sie die entstrahlende Kraft dieser edlen Metalle.

Ziehen wir den vorhin erwähnten, noch heute lebenden Volksglauben an die Heilkraft des Goldes, an seine Hilfe zur Konzentration, in Betracht, darf man auf den Gedanken kommen, daß Gold nicht ursprünglich zu Schmuck, sondern zu Nutz- und Schutzzwekken getragen wurde. Dem Golde hingen die Völker nachweislich bereits an, bevor es zu einem Handels- und Kaufwert wurde. Sie mußten daher einen anderen Wert in den edlen Metallen entdeckt haben. Sollten die Goldreifen und Goldkronen um die Stirnen der Könige und Fürsten vielleicht Hilfsmittel gewesen sein, um bei wichtigen Beratungen die notwendige Ruhe und Konzentration zu haben? Sollte es nur Zufall sein, daß das Tragen der Stirn-, Hals- und Armreifen an jenen Stellen geschah, wo die arterielle Blutversorgung sichtlich pulst?

Auch das heutige Neujahr fällt in den Raum der zwölf Rauhnächte und der Weihnachtsbräuche. Dieses heutige Neujahr ist jedoch durch naturfremdes Denken willkürlich festgesetzt worden. Es steht in keinerlei Zusammenhang mit einem Naturvorgang, so daß es hier nicht mit eingeschlossen werden kann. Es ist lediglich ein errechneter Punkt zur Abwicklung bürgerlicher Geschäfte und hat mit den Betrachtungen des natürlichen Jahres und seinen Wirkungen nichts zu tun.

Erstaunlich aber ist es, daß die an sich natürlich lebenden Völker nördlich der Alpen damals dieses naturfremde Neujahr sich aufzwingen ließen und noch erstaunlicher, daß sie es bis heute beibehielten.

Erst wenn sie versuchen werden, den Tag des natürlichen Jahres, die Wintersonnwend, zum Beginn ihres Jahres zu machen und den heutigen ersten Januar als naturfremden, unnatürlichen Jahresbeginn zu verwerfen, erst dann haben sie den ersten Schritt zu ihrer Selbstfindung, zu ihrem Identitätsbewußtsein getan.

KAPITEL VIII

DIE ERSTEN SCHAUGRUPPEN EUROPAS

Die Kelten schrieben ihre Weisheiten nicht nieder, aber sie lehrten sie.
Wie?
Ohne Bücher und Schrift, ohne Kenntnis vom Schreiben und Lesen? Nur durch das gesprochene Wort? Da wäre wohl der Kreis der Lernenden zu klein gewesen, zu beschränkt an Zahl, um das Volk zu durchdringen und zu belehren. Die Kelten drängte es aber, ihre Weisheiten zu lehren, weil sie überleben wollten und es dazu vieler Kenntnisse bedurfte.

Immer ist der Lehrer ein Urberuf gewesen, und in

geheimnisvoller Weise drängt alles Wissen zu Lehrern und Schülern. Um ihr Ziel zu erreichen, bedurfte es eindringlicher, sinnfälliger und vielen Menschen zugänglicher Darstellung.

Den begabten Kelten fiel es nicht schwer, ihr Medium des Lehrens zu finden: Es waren ihre ausgeklügelten, stets auf tiefen Zusammenhängen mit der Natur beruhenden, eindrucksvollen Bräuche. Diese wurden bei allgemeinen Volkstreffen und zu genau bedachten Zeitpunkten auffallend und einprägsam dargestellt. Auch gingen kleine Schaugruppen von Hof zu Hof, wie es auch heute noch vielfach im Brauchtum üblich ist, um alle zu Belehrenden auch erreichen zu können. Sicherlich geschah dies verbunden mit feierlichen Riten und Kulthandlungen. Sie leben in vielfacher Form noch weiter als Volksbräuche, werden geübt und bestaunt. So wurden die Kelten durch die Darstellung ihrer hintergründigen und bezugsreichen Bräuche die ersten und sicher erfolgreichsten Schaugruppen Europas.

Wenn man diese Bräuche ausarbeitet und ihre Zusammenhänge sucht, stößt man auf Unterscheidungen. Man kann sie ordnen in Kultbräuche, Lehrbräuche und Gesundheitsbräuche.

Sie beruhen alle auf der Grundlage einer gemeinsamen, den Kelten eigentümlichen Lebensschau, sind daher einander ähnlich, mit landschaftsgebundenen Unterscheidungen.

Als Kultbrauch, dessen Ursprung gewiß sehr weit zurück verlegt werden kann (bis in die keltischen Siedlungsanfänge so etwa vor 3000 Jahren), darf man das Gansessen zu Martini ansehen (11. November). Es sei dazu erwähnt, daß in einst keltischen Gegenden der heilige Martin sehr häufig überliefert ist und verehrt wird, sowie in Kirchen und Ortsnamen erhalten ist.

Das Kultessen der Gans zu Martini ist uns allen vertraut und wird landweit geübt, obwohl der Bezug zu einem eingreifenden Naturvorgang oder einem Kult aus dem Bewußtsein der Menschen entschwunden ist.

Um den Urgrund der Entstehung des Brauches zu begreifen, muß erst die Stellung der Gans in der urbäuerlichen Siedlung oder dem, häufig einsamen, keltischen Hof erläutert werden.

Die Gans war das Barometer des Keltenbauern. Er, wie alle Bauern, war von den Einwirkungen des Himmels durch das Wetter oder die Einstrahlung abhängig. Fiel eine notwendige und natürlich erwartete Ernte aus, so bedeutete das in einer öde gelegenen Siedlung oder am Einzelhof Not, Hunger, ja Untergang. Nicht überall war es möglich, den Nahrungsausfall durch Jagd zu ersetzen. Lebensmittel konnten weder durch Kauf noch durch Tausch erworben werden, denn man war in weiter Umgebung allein; deshalb war es lebenswichtig, das Erntegut sicher einzubringen.

Dabei half die Gans, und nur deshalb wurde sie auf den Höfen gehalten und geschützt. Der Keltenbauer verfügte durch seine Haustiere und auch durch die Jagd über genügend Fleisch. Er war nicht genötigt, Geflügel zu halten, um zu überleben; Geflügel, das zudem über den Winter vom knappen Futter zehrte. Er bediente sich auch nicht der Federn, denn genügend ist überliefert, um zu wissen, daß er aus Gesundheitsgründen auf Stroh schlief.

Die Gans wurde, wie schon erwähnt, als Barometer gehalten. Sie ist das wetterfühligste Haustier. Sie muß es sein, denn sie lebte und lebt auf dem Wasser. Wird sie dort, etwa auf einem See, von Sturm oder Gewitter überrascht, so war sie, auf freiem Wasser im hohen Wellengang, verloren.

Schon stundenlang bevor ein Wetter aufzieht, bei klarstem Himmel, kündet sie den Wetterumschlag durch ihr aufgeregtes Gebaren an. Sie kommt aus dem Wasser, sie läuft umher, schreit heftig, schlägt mit den Flügeln und benimmt sich unübersehbar erregt. Diese Zusammenhänge haben auch die Germanen erkannt und die Gans ihrem Donnergott Thor zugeeignet. Wie um so mehr mußten es die ihnen vorangegangenen und sehr naturverbundenen Kelten gewußt haben.

Wurde nun die Erregung der Gänse bemerkt, begaben sich schleunigst alle arbeitsfähigen Menschen des Hofes oder der Siedlung auf die Wiesen und Felder und sorgten gemeinsam dafür, eilends das Heu oder Getreide unter Dach zu bringen.

Die Gans übte ihren Dienst über den Sommer hin aus. Im Herbst, wenn die Gewitter verstummten, war sie nicht mehr nötig, sondern eine unnütze Fresserin; deshalb wurden, außer dem Zuchtpaar, alle Gänse geschlachtet.

Damit dieses Schlachten den Zusammenhang mit dem Lebenskult und dem bestimmenden Himmel nicht verlor, wurde ein genau bestimmter Zeitpunkt gewählt, der zugleich das Ende der Gewitter wie den Beginn der kalten Jahreszeit anzeigte. Das geschah, wie bei keltischen Bräuchen üblich, mit dem Blick zum Himmel.

Mitte November nun durchläuft die Erde das Sternbild der Plejaden, und diesen Zeitpunkt bestimmten die Kelten zum Schlachten der Gans. Die Plejaden bombardieren die Erde bei ihrem Durchgang mit zahllosen Meteoriten, die wir in dieser Zeit, heller Nachthimmel vorausgesetzt, als viele Sternschnuppen bewundern können. Ob diese Einschüsse Trümmer kleinster Weltkörper oder Eisbrocken sind, mögen die zuständigen Wissenschaftler beurteilen. Jedenfalls kühlt die Erdatmosphäre binnen weniger Tage entscheidend ab, und Niederschlag tritt ein. Natürlich geschieht dies nicht datumsgenau, aber ungefähr um dieses Datum. Weder Wetterregeln noch Lebensregeln lassen sich mit dem Rechenstift und der Logarithmentafel bestimmen. Der geschilderte Vorgang geht alljährlich um die gleiche Zeit vor sich.

Sechs Monate vorher, nämlich Mitte Mai, wandert die Erde ebenfalls durch die Plejaden, und das gleiche Phänomen wie im November vollzieht sich: Abkühlung und Niederschlag. Wir alle kennen diese Tage und ihre Gefährlichkeit für alles junge Wachstum. Sie wurden ob dieser Bedrohung mit groben, ungeschlachten Symbolen bezeichnet, als erkennbare Warnung: die bösen Eismänner. Jeder Gärtner, jeder Landmann fürchtet sie.

Die Gänse wurden also Mitte November geschlachtet. Das geschah nicht nebenher, sang und klanglos, denn die Gans hatte in besonderer Weise zur Lebenserhaltung beigetragen und wurde deshalb durch ein Kultessen geehrt. Es ist anzunehmen, daß dies unter bestimmten, eindrucksvollen Zeremonien geschah. Der zuständige Druidenpriester war es wahrscheinlich, der die erste Schlachtung vornahm, worauf auch die Hausväter in den einzelnen Höfen die Schlachtungen begannen.

Es muß eine bedeutende Zeremonie gewesen sein, sonst hätte sich das Andenken an sie nicht über die zwei christlichen Jahrtausende bis heute erhalten. Ja, dieses Kultessen bürgerte sich bei den genußfreudigen Kelten und ihren Nachfolgern so ein, daß die christliche Religion, sonst eifrig bemüht, jede Spur eines anderen Kultes zu vernichten oder zu überlagern, ihn übernehmen mußte und ihn dem größten Heiligen der christianisierten Gallokelten, dem Hl. Martin, zueignete. Ebenso wurden die Eismänner später zu Eis*heiligen* gemacht, denn sie waren dem Volksbewußtsein tief eingeprägt und durch Naturvorgänge immer wieder bestätigt.

Die Gansschlachtungen brachten manche Beobachter auf den Gedanken, ob nicht die Schalensteine des oberen Waldviertels Opferstätten dieser Kleinschlachtungen gewesen sein könnten, denn sie bieten sich in auffallender Weise zu solchen Zwecken an. Seit jeher haben sie die Phantasie der Beobachter beschäftigt und zu vielen Diskussionen Anlaß gegeben. Diese Gegend ist alter, heidnischer Siedlungsboden, in den von Böhmen her und später während der Flucht vor den Römern zahllose pannonische, norische und gallische Kelten in Marbods Markomanenreich eingeströmt sind. Sie kolonisierten Hradiste, die Hauptstadt Marbods, und hinterließen ihre Bräuche. Noch vor einigen Jahrzehnten gingen dort Burschen und Mädchen zu bestimmten Schalensteinen und legten Roggen, Hafer oder Flachskerne in die Schalen. Dieser Brauch ist bestimmt nicht in christlicher Zeit, also in den letzten Jahrtausenden, entstanden, sondern eher in dieser Zeit als Aberglaube bekämpft und verlacht worden.

Ein sehr schöner Brauch von besonderer Eindringlichkeit ist bis etwa 1900 im Defereggental geübt und überliefert worden. Das ist eines jener alpinen Rückzugstäler, wohin sich die Kelten, verfolgt und besiegt durch die Römer, überrannt von der Völkerwanderung, zurückgezogen hatten.

Alljährlich in den ersten Dezembertagen beginnt die tiefste Winterruhe der Erde. Sie versinkt in die Einkehr zu sich selbst. Sie zieht ihre sonst nach außen wirkenden Kräfte und Strahlungen zurück, um sich erneuern zu können, wenn die tief in alles Leben eingreifende Wintersonnwend kommt. Es vollzieht sich nun die Sammlung all ihrer Kräfte.

Schweigen legt sich über die Erde, innere und äußere Stille. Wer aufmerksam durch unsere winterliche Natur wandert, wird diese Stille fühlen, die harrende Erwartung über dem Land. Wie in toter Verlassenheit liegt die Natur. Das Wasser der Bäche erhält eine starre, leblose Klarkeit, welche die zurückgezogene Stille und den tiefen Schlaf alles Lebens betont. Die natürliche und notwendige Erregung verstummt, das Liebesleben in Wald und Flur schweigt, die Paarung hört auf.

Dies wirkt sich selbstverständlich auf alles Leben aus, und Menschengruppen, die in der harten Natur leben, müssen, um einzuschwingen in diesen Rhythmus und in Harmonie mit den Vorgängen zu bleiben, sich anzupassen suchen. Sie tun es, zumindest taten es die Kelten mit folgendem Gehaben, das sie uns überliefert haben.

Zunächst wurde der Körper entschlackt, und man

fastete zeitweilig während dieser Wochen. Ebenso enthielt man sich auch des ehelichen Verkehrs, denn der langjährig erfahrene, keltische Viehzüchter war daraufgekommen, daß die Nachkommen seiner Haustiere, um diese Zeit gezeugt, meist Schwächlinge waren oder aber daß, trotz Kopulation, überhaupt kein Nachwuchs kam. Um es volkstümlich auszudrücken: Die Kraft der Natur hatte gefehlt. Die Natur schwingt ihr Zepter, und ihre Regeln gelten für alles Leben, der Mensch ist keine Ausnahme.

Wir feiern zum Eingang der stillen Wochen den Nikolaustag, der sich aus dem alten Brauch entwikkelt hat. Am 5. oder 6. Dezember, je nach Überlieferung, ging und geht in ländlichen Gegenden eine kleine Schaugruppe von Haus zu Haus und erreicht so mit dem Lehrbrauch alle zu Belehrenden.

Voran schreitet der weise Alte (bei den Kelten sicher der Druidenpriester), der bei uns als Weihnachtsmann oder Nikolaus in der christlichen Form für diesen Brauch wiedererstanden ist. Ihm folgt ein Brautpaar und zeigt so seine Bereitschaft und seinen Gehorsam an, der Weisheit des Alten zu folgen. Das Brautpaar wird umtanzt vom rutenschwingenden Krampus, einer überaus populär gewordenen Figur, die in manchen Gegenden leider aus diesem Brauch verbannt oder überhaupt gänzlich verboten ist.

Der Krampus verkörpert die schädigenden Kräfte, die „Teufel", welche in diesen stillen Wochen den gesunden Nachwuchs verhindern oder beeinflussen können; deshalb wird der Krampus der Kinderfresser oder Kinderfeind genannt, was er durch seine Häßlichkeit, seine drohenden Gebärden, sein Bemühen, die ihm erreichbaren Kinder mit einer Kette zu fesseln und zu verschleppen, dartut.

Zum Schluß der Gruppe geht ein gebrechlicher, hilfloser Bettler, den niemand umsorgt.

Dieser eindringliche Lehrbrauch ist gewiß nicht erfolglos vorgeführt worden. Seine Kraft hat sogar die katholische Kirche bewegt, das heidnische Wissen zu übernehmen, als untilgbare, naturgegebene Weisheit. Folgerichtig war in katholischen Gegenden noch vor wenigen Jahrzehnten eine Eheschließung in den stillen Wochen (im Advent) verboten.

Die Aussage des keltischen Lehrbrauches war wohl für den einfachen Menschen diese: „Folgt dem erfahrenen Weisen und der Natur, enthaltet Euch in den stillen Wochen des Geschlechtsverkehrs, wie die Natur es vormacht, sonst bekommt ihr schwächliche Kinder oder vielleicht gar keine und werdet im Alter heimatlose Bettler sein!"

Zu den Schutzbräuchen in den stillen Wochen zählte auch das Frischfüllen der Strohsäcke, auf denen die Eheleute ruhten. Mit größter Sorgfalt wurden sie mit frischem Stroh und jenen getrockneten und abschirmenden Kräutern gefüllt, wie sie als Schutzstreu für Mann und Frau bekannt waren.

Aus den keltischen Pflanzenkulten haben sich Pflanzenbräuche entwickelt und teilweise bis heute erhalten. So ist überliefert, daß Heilkräuter an bestimmten Tagen, zu bestimmten Zeiten gepflückt werden sollen, weil sie nur dann ihre volle Wirksamkeit entfalten können. Überlieferungsgetreu haben Kräutersammler die Heilpflanzen in der Johannisnacht, noch besser um den Augustvollmond herum, um halb zwei Uhr früh gesammelt; die Nachprüfung dieses überlieferten Wissens durch Angehörige einer Heilkräuter vertreibenden großen Firma hat eine Bestätigung ergeben. Tatsächlich ist die höchste Konzentration der Heilkraftswerte zu diesen Tagen und Stunden erwiesen. Dazu muß noch beachtet werden, daß eine frei wachsende Pflanze eine höhere Qualität an Heilwirkung besitzt als die vom Menschen gesäte oder gepflanzte.

Die Heilpflanzen waren von den Kelten einer Naturgöttin geweiht, der Erdmutter, die sich nach Keltenglauben um den Augustvollmond unter größten Feierlichkeiten einem der höchsten Himmelsgötter vermählte. Weil der Glaube an die optimalen Kräfte der Heilpflanzen an diesem Tag sich hartnäkkig behauptete, hat auch die christliche Religion ihn nicht übergehen können und einen hohen Marienfeiertag auf ihn verlegt, den sogenannten „Hohen Frauentag". Es ist dies bezeichnend, und Maria übernimmt erkennbar die Rolle der heidnischen Erdmutter, denn an diesem Tag wird die kirchliche Pflanzenweihe vollzogen.

Das Datum des christlichen Feiertages am 15. August, dem hohen Frauentag, stimmt jedoch nicht immer mit dem Datum des Augustvollmondes überein. Das kommt daher, weil der natürliche Kalender zweimal gewaltsam geändert worden ist. Einmal durch Cäsar, dann durch Papst Gregor. Besonders letztere Veränderung hat tief in das bisherige bäuerliche Erfahrungswissen eingegriffen, so daß das Volk ein Trauerlied sang, dessen erste Worte lauteten: „O Papst! Was hast Du angericht'!" Nicht vergessen sind auch die keltischen Schutzgötter der Heilpflanzen. Poetisch und anmutig verklärt, sind sie als Elfen in unseren Märchen wiederzufinden.

Hier sei eines bulgarischen Schäfers gedacht, der, unbedankt und unbenannt, der modernen Medizin sein Wissen um die Heilwirkung der Digitalis geschenkt und seine Kenntnisse Schulmedizinern anvertraut hat. Damit wurden unzähligen Herzleidenden das Leben erleichtert, ja gerettet. Hier sei dem unbekannt gebliebenen Schäfer dafür gedankt. Die Wirkung des Fingerhutes ist seither tausendfach erprobt.

Ein Pflanzenkundiger hat einmal behauptet, daß mindestens 8 Menschengenerationen nötig gewesen seien, um ohne moderne Forschungsmittel die Heilwirkung einer Pflanze zu erkennen und zu erfahren.

KAPITEL IX

KINDERBRINGER

Im Nikolausbrauch des Dezemberanfangs haben wir von jenem bösen Teufel gehört, der Kinder mit seinen Ketten fängt. Wir konnten die natürliche Entstehung dieses Volksaberglaubens aufdecken.

Hier nun hören wir von Kinderbringern, die als solche fest im Volksglauben verankert sind: vom Storch und von den Bienen.

Mit einiger Ängstlichkeit bin ich stets durch Haustüren von Bauernhöfen gegangen, über deren oberem Türpfosten in einer dafür bestimmten Nische zwei bis drei Bienenstöcke standen, aus denen die Immen fleissig aus- und einflogen. Ich fand diese Bienenstöcke über der Haustüre häufig dort, wo ich den Spuren der Kelten nachgegangen war. Weil mir aber meist andere Fragen auf den Lippen lagen, wenn ich in solch fremde Häuser ging, und weil die Bienen über der Haustüre mir so häufig unterkamen und nicht mehr auffielen, stellte ich nie die Frage nach dem Sinn dieser Gepflogenheit.

Da lehnte ich einmal sitzend im Windschatten eines irischen Bauernhauses und schaute über die Wiesen, deren frisches Grün den Augen wohltat. Einige Schafe weideten frei und sorglos in der Nähe. Aus dem Hause hörte man verworrenen Lärm und eiliges Hin und Her. Die Bäuerin brachte eben ein Kind zur Welt.

Nach einer Weile kam ein rothaariger, hagerer Mann aus dem Haus, mit dem ich mich vorher bekannt gemacht hatte. Er ging zum Bienenhaus, das windgeschützt neben der Hauswand stand, verbeugte sich vor den Bienen und sagte: „Mir ist ein Sohn geboren!"

Das hörte ich, stand auf und gratulierte ihm. Dann fragte ich, was das Gespräch mit den Bienen bedeute?

„Bienen bringen Kinder", sagte er kurz, fast abweisend, mit verschlossenem Gesicht, wie einer, der ungern dem Nichteingeweihten ein Geheimnis preisgibt.

Einige Wochen später wohnte ich in Oberösterreich einem Begräbnis bei. Die Bäuerin eines Hofes war gestorben. Man trug betend den Sarg vor die Haustüre in den Hof, stellte ihn dort ab, als ob sich die Tote noch einmal Abschied nehmend umsehen sollte. Währenddem ging der Bauer zum nahen Bienenhaus und sagte, während er sich vor die Stöcke hinstellte: „Die Bäuerin tragens aussi!“ (Die Bäuerin tragen sie hinaus).

Es ist in manchen ländlichen Gegenden Bauernsitte, daß beim Tode des Bauern oder der Bäuerin der verwitwete Eheteil durch Haus und Stall geht und den Tieren den Tod der Ehehälfte ansagt, bevor sie begraben wird. Das Vieh ist in den Alltag des Bauern einbezogen und wird des Miterlebens teilhaftig gemacht. Das ist ein schöner, fast rührender Brauch.

Ich erhielt, wie oft bei Fragen nach Herkunft eines Brauches, nur die Auskunft, daß es schon immer so geübt worden sei. Ich mußte mich vorläufig zufrieden geben, bis ich die Bienenbräuche im bosnischen Haus eines pensionierten Offiziers der k. u. k. Armee erklärt bekam. Er war im ersten Weltkrieg Rutengänger der Armee gewesen, hatte im wasserarmen und karstigen Boden Bosniens die notwendigen Quellen und das unentbehrliche Wasser für die Armee gefunden. Nach dem Kriege war er nicht mehr in seine kroatische Heimat zurückgekehrt, sondern in dem ihm lieb gewordenen, kargen Land verblieben. Da verlebte er nun seine Tage als Imker.

Der Mann war mir als Bienenkenner genannt worden, er hatte an die hundert Bienenstöcke, die er selbst versorgte. Ich ging hin unter dem Vorwand, den herbsüßen Honig dieser karstigen Gegend erstehen zu wollen.

Nach dem Kauf erzählte ich dem Imker die von mir erlebten Bienenbräuche und fragte auch, warum er einige Bienenkörbe über der Hausschwelle stehen habe? Beim Eintritt in das Haus hatte er darauf hingewiesen und mich vor seinen stechfreudigen Immen gewarnt. Ich sagte ihm, daß ich Bienenkörbe über der Hausschwelle schon in manchen Gebirgstälern angetroffen hätte.

„Ja, die Bienen!“ sagte der strahlenkundige, staatlich besoldete Wasseraufspürer, „die Bienen sind ein eigentümliches Volk! Um ihr Gift aufladen und gewinnen zu können, brauchen sie Erdstrahlen, und jeder wilde Bienenstock, der sich seinen Platz frei wählen kann, errichtet den Bau über Erdstrahlen. Meist in Höhlen oder hohlen Baumstümpfen, die ja deshalb früh abstarben und hohl wurden, weil sie über Erdstrahlen wuchsen.“

„Erdstrahlen“, so sagte der Mann, „bringen die natürlichen elektromagnetischen Felder des Menschen durcheinander. Er erkrankt in der Folge an Nervenschädigungen, an Rheuma und auch an anderen Gesundheitsstörungen. Erdstrahlen schädigen auch bereits im Samen das Erbgut und hindern somit die gesunde Fortpflanzung. Deshalb werden die Bienen ins Haus geholt, damit sie den Erdstrahlungen die schädigende Wirkung entziehen und so zu Helfern der Menschen werden, indem sie den gesunden Nachwuchs sichern helfen. Die Bevölkerung hier weiß das durch uralte Tradition, die selbst durch osmanischen Einfluß nicht verschüttet werden konnte.“

Der Storch ist als Zugvogel mit besonderen Eignungen begabt, er muß es sein, wenn er über weite Entfernungen Orte anpeilen und erreichen will. Das kann er nur, indem er auf sehr komplizierte und noch nicht ganz erforschte Weise für Strahlen aufnahmefähig ist. Diese Strahlenempfindlichkeit läßt ihn aber auch schädigende Erdstrahlen wahrnehmen.

Er wird niemals auf einem Hause nisten, das im Bereich von Erdstrahlen steht. Durch die Standortwahl seines Nestes zeigt er an, daß in dem Haus, auf dem er seinen Horst errichtet, alles in Ordnung ist und gesunder und reicher Kindersegen erwartet werden kann.

Somit ist er für die Menschen, die irgendwie seine Fähigkeit erkannt haben, der Kinderbringer geworden und geblieben.

Wer die Zusammenhänge kennt, wird den Glauben an den Storch als Kinderbringer anders beurteilen, wie der, welcher ihn nur als naiven Volksaberglauben belächelt.

KAPITEL X

NOCH EINMAL: SCHIMMEL IST GESUND!

Der junge Arzt, der mit seiner Gattin an meinem Tisch speiste, legte seine Hand auf meinen zugreifenden Arm und sagte: „Nehmen Sie dieses Brot nicht, es ist schimmelig."

Ich hatte eben in den Brotkorb langen wollen.

Nun lachte ich.

„Schimmel ist gesund!"

„Nicht jeder Schimmel", entgegnete er ernst, „im Gegenteil, er kann krank machen!"

„Dann dürfte ich nicht mehr leben", sagte ich, „denn hunderte Male habe ich in meiner Kindheit angeschimmeltes Brot gegessen, nicht aus Not, sondern weil meine Schulkameraden es auch aßen!"

„Das war damals ein anderes Brot als dieses hier", antwortete er. Er hatte recht.

Das heutige Brot, dessen Korn schon chemisch behandelt wird, bevor es in die Erde kommt, in eine Erde, deren natürliche Kraft durch Kunstdünger gestört, oft sogar gebrochen ist, ein Korn, das nach der Ernte von den höchst wichtigen und wertvollen Randschichten und seinem Keim befreit wird, hernach als Mehl noch weiter behandelt und gebleicht wird, solches Brot ist freilich alles andere als ein Lebensmittel und ein völlig anderes, als es einst gewesen war.

Was Brot sein kann und ursprünglich auch gewesen ist, möge nachfolgende wahre Geschichte aufzeigen!

Vor Jahren suchte ich in Südtirol nach den Akten eines mittelalterlichen Mäuseprozesses. Im Mittelalter war es in manchen Gerichtsbezirken üblich, auch Tieren einen Prozess zu machen. Sie wurden, wenn ein Schwein etwa einen Bauern gebissen hatte oder ein Pferd ihn geschlagen, vor ein ordentliches Gericht gebracht, erhielten einen Verteidiger, wurden rechtskräftig verurteilt oder freigesprochen, kurz als beachtenswerte Lebewesen einer Gemeinschaft angesehen.

In den von mir gesuchten Akten handelte es sich um eine außerordentliche Mäuseplage im Vintschgau, südlich der Etsch. Die Mäuse wurden vor ein Gericht gebracht und verurteilt, über die Etsch nach Norden auszuwandern, widrigenfalls sie mit allen Mitteln unbarmherzig und schonungslos verfolgt würden. Da sie einen tüchtigen Verteidiger hatten, wurde den trächtigen Mäuseweibchen gestattet, ihre Kinder vor der Auswanderung noch zur Welt zu bringen.

Bei der Suche nach diesen Prozessakten fielen mir noch andere Schriftstücke in die Hände, die mein Interesse fesselten. Da wurde von einem Mann berichtet, der für achtzehn Jahre zu dunklem Kerker bei Wasser und Brot verurteilt worden war und diese Haft, laut Bericht, überlebt hatte! Bei Wasser und Brot, ohne frische Luft und Sonne! Selbst wenn anzunehmen ist, daß die mitleidige Frau des Kerkermeisters dem Gefangenen heimlich etwas anderes zukommen ließ, so konnten das nur geringe Beigaben sein, denn ein Gerichtsbüttel hatte damals kaum mehr auf dem Tisch als Körnerbrei und hie und da einen Zubiß von Ziegen- oder Schaffleisch. Jedenfalls war die Hauptnahrung des Gefangenen Brot.

Mich interessierte es, ob ein unter solchen Umständen Eingeschlossener Dunkelhaft mit dem heutigen Brot 18 Jahre überleben könne?

Die Antwort lautete, daß ein solcher Gefangener kaum ein einziges Jahr überstehen könne!

Dies erzählte ich dem jungen Arzt, und wir unterhielten uns lange darüber, welche kaum zu begreifenden Lebenswerte ein gesundes, ohne Chemie gezogenes Korn enthielte.

Es ist noch nicht vergessen, daß man früher, wenn man einen Mann von Kraft und Wert kennzeichnen wollte, von ihm sagte, er sei ein Mann von echtem Schrot und Korn, und dies war ein Ehrentitel.

Lange Zeit hindurch waren sich die Menschen des einmaligen Wertes eines guten und echten Brotes bewußt. Man ehrte es durch vielfache Bräuche, später und heute noch mit kirchlichen Segnungen! Leider hat es in weiten Bevölkerungskreisen seine Wertschätzung verloren, wie man täglich beobachten kann.

Wenn das Korn seinerzeit aus der blauen Schürze des Landmannes mit der Hand gesät wurde, – eine Fertigkeit, die gelernt sein will, – nahm der Bauer vor dem ersten Wurf seinen Hut ab, um die höheren Mächte zu ehren, welche dem Korn den Wert verliehen haben, die Leben auch unter schwierigsten Umständen erhalten können.

KAPITEL XI

ABERGLAUBE VOM MONDEINFLUSS, VOM UNHEIMLICHEN FREITAG UND VOM GEFÜRCHTETEN DREIZEHNTEN

Ein so länderweit verbreiteter und so festsitzender Aberglaube wie der oben genannte gibt Anstoß zum Überdenken, zur Beurteilung, zu vorurteilsfreier Forschung. Alle drei in der Überschrift genannten Arten von Aberglauben hängen eng zusammen und haben den gleichen Ursprung. Sie werden deshalb in folgendem Abschnitt gemeinsam behandelt.

Helfer bei der Enträtselung sind wieder die Kelten, denn sie sind es, welche die Grundlagen zu diesem Aberglauben geliefert haben. Nachforschungen auf den Spuren der Kelten haben ergeben, daß der oben genannte Aberglaube seinen Ursprung in der Verwendung des Mondkalenders durch die Kelten hat.

Obwohl die Kelten das Jahr nach der Sonne ausrichteten, so hatten sie doch, wie viele alten Völker, den Mondkalender eingeführt. Der Monat der Kelten war eng mit dem Monde verknüpft. Jeder Monat begann mit dem Tag nach Neumond und endete mit dem darauffolgenden Neumond. Der Vollmond fiel etwa auf den 15. Tag jedes Keltenmonats. Neumond und Vollmond waren die beiden Festtage des Monats, vergleichsweise wie unsere vier Monatssonntage. Diese beiden monatlichen Festtage der Kelten schlossen zwischen sich die beiden je vierzehntägigen Wochen ein. Die keltische Woche, das halten wir fest, dauerte also 14 Tage. Der fünfzehnte Tag war der Mondwechsel und zugleich der keltische Sonntag. Woche heißt ja Wechsel und wird hier in seiner ursprünglichen Bedeutung gebraucht, im Sinne des Mondwechsels. Wir wollen den natürlichen keltischen Monat den Urmonat nennen, seine beiden Wochen die Urwochen.

Für unsere Betrachtung stellen wir die Tatsache in Rechnung, daß, wie meßbar, auch unserer Erde von der Sonne elektromagnetische Kräfte zugesandt werden, die unter Umständen Wetterveränderungen auslösen können. Je stärker dieser elektromagnetische Zustrom, umso höhere Schlechtwettergefahr besteht.

Da der Mond, so wie unsere Erde, elektrisch negativ geladen ist, so darf man folgern, daß beide die positive Sonnenelektrizität an sich heranziehen.

Tritt der Mond zwischen Sonne und Erde, so zieht er einen Teil dieser positiven Elektrizität der Sonne auf sich. Gewiß ist der Mond kein Wettermacher, aber er ist auslösend und, wie oben angeführt, verantwortlich für manches Wettergeschehen.

Erfahrungsgemäß beginnen nun in normalen Zeiten die Mondwechseleinwirkungen bereits zwei Tage *vor* dem astronomischen Neu- oder Vollmond, und dies wirkt sich im Verhalten der Lebewesen, auch des Wetters, so deutlich aus, daß es den wachsam, naturbeobachtenden Kelten nicht entgangen ist.

Ähnlich wie bei Neumond liegen die Verhältnisse bei Vollmond, wenn unser nächtlicher Begleiter, von der Sonne gesehen, hinter der Erde steht. Dann summieren sich die Erd- und Mondanziehungskräfte und leiten wieder eine gesteigerte Menge Sonnenelektrizität auf unseren Planeten. Auch hier wird die Auswirkung bereits zwei Tage *vor* Mondwechsel spürbar.

Nachdem die keltische Urwoche 15 Tage hat, ist der zweite Tag vor Mondwechsel der *Dreizehnte* Tag der Urwoche. Wir sind nun beim Dreizehnten angelangt und haben erfahren, daß er naturgegeben ein einflußreicher, ein kritischer Tag ist.

Wie äußert sich nun der Einfluß dieses Dreizehnten auf alles Lebende? Auf das Alltagsgeschehen, auf die Kreaturen?

Der Mensch kann gesteigerte Unruhe fühlen, Benommenheit, Kopfweh. Die Liebessehnsucht steigt, die Geschlechter suchen einander. Eine gesteigerte Erregbarkeit macht sich bemerkbar. Unruhig schreit das Käuzchen ausdauernd sein unheimliches Buhu und hofft dadurch einen Gefährten zu errufen. Ungeduldig klopft das Holzwurmfräulein sein, dem Uhrgang ähnliches, Tiktik, als rufende Botschaft an einen Geliebten.

Eine unerklärliche Gereiztheit mag auch den Menschen an diesem Tag erfüllen, auch die Unfähigkeit, sich zu konzentrieren. Die Kinder sind schlechter Laune und zeigen sich unartig. Die Schüler sind unaufmerksam und zerstreut und haben bei Prüfungen Mißerfolg. Der Erwachsene hat Schwierigkeiten beim Überdenken von Entschlüssen; gewisse, schwere Speisen werden nicht vertragen. Von den Medizinern hört man, daß am zweiten Tag vor Mondwechsel, also am 13. des Keltenmonats, dem Urfreitag, mehr Rheumaanfälle, Koliken und Herzattacken vorkommen, „nach Operationen gibt es mehr Nachblutungen als sonst, so daß an manchen Kliniken an einem Urfreitag keine schwierigen Operationen ausgeführt werden".

Um der Sache genauer nachzugehen, ließ ich mir von einem aufgeschlossenen, in der forschenden Medizin tätigen Arzt erklären, warum an einem Urfreitag, also bei vermehrtem Zustrom positiver Elektrizität, mehr Menschen als sonst erkranken und mehr Todesfälle bei Schwerkranken einträten.

Er sagte mir seine persönliche Meinung, und zwar könne er nur annehmen, daß die vermehrte Zufuhr von Sonnenelektrizität ein Zusammenziehen der haarfeinen Blutgefäße, der Kapillaren bewirke; dadurch sei die Durchblutung des Körpers herabgesetzt und erschwert. Das könne zu den schon genannten Symptomen der Abgeschlagenheit, Eßunlust, zur Zerstreutheit und Gereiztheit führen. Weil das Herz in diesem Zustand mehr leisten müsse, könne eine Verschlechterung im Befinden eines Schwerkranken, ja sogar der Tod eintreten.

Nach dem, was wir schon von Professor Lothar

Wendt, Frankfurt, über die Kapillargefäße gehört haben, werden wir verstehen, daß der Kreislauf durch schwere Speisen nicht noch belastet werden darf und daß Fasten in solcher Situation eine wesentliche Entlastung des Körpers bedeutet. Es ist von den Kelten an Urfreitagen auch eingeführt worden.

Wir alle haben durch unseren Arzt schon erfahren, daß er die Verschlechterung im Befinden eines Kranken manchmal mit einem Wetterumschlag erklärt, also dem Wetter einen direkten Einfluß auf das Krankheitsgeschehen einräumt. Die moderne Wissenschaft bestätigt direkten Mondeinfluß auf Mondsüchtige, da sie herausgefunden hat, daß das Schlafwandeln bei Kindern und Jugendlichen ausschließlich in Vollmondnächten stattfindet.

Auch die Polizei weiß von dem kritischen Urfreitag zu berichten. Es kommt häufiger zu kriminellen Delikten, zu Schlägereien und Gewalttaten aller Art und zu einem deutlichen Anstieg der Verkehrsunfälle.

Eben, als ich dieses Kapitel schrieb, geschah folgendes: Am 13. August 1981 fuhr der Lokführer eines Schnellzuges bei der Einfahrt in den Kopfbahnhof Wien mit beträchtlicher Geschwindigkeit auf einen Prellbock auf. Er hatte, statt seine Geschwindigkeit bei der Einfahrt zu vermindern, diese unbegreiflicherweise gesteigert. Es war ein großes Zugunglück, mit einigen Toten und zweihundert mehr oder minder Verletzten.

Auch nach genauesten Untersuchungen konnte weder ein technisches Versagen gefunden werden, noch konnte man beim unverletzten Lokführer eine physische Ursache für diese schwere Fehlleistung verantwortlich machen. Der Tag war zufällig wohl ein

Kalenderdreizehnter, gleichzeitig war er aber auch ein Urfreitag, also zwei Tage vor Mondwechsel.

Genau 14 Tage später, am 27. August, wieder an einem Urfreitag, passierte dann das Eisenbahnunglück in Wels. Wieder gab es Opfer, und wieder war die Ursache des Unglücks nicht zu finden. Wer den Mondwechsel beachtet, dem wäre die Ursache des Unglücks nicht verborgen geblieben.

Mondwechsel im August ist aus verschiedenen Gründen besonders kritisch, und wie nicht anders zu erwarten, kennzeichneten die Kelten diese kritischen Zeiten durch ein besonders hohes Fest. Sie feierten Lugnasad, das höchste Fest zu Ehren ihres pankeltischen Himmelsgottes Lug. Auch eine Muttergöttin wurde im August besonders gefeiert. Wir haben von ihr schon gehört. Nach dem Glauben der Kelten verließ sie im August die Erde und stieg in die Tiefe hinab, um sich dort einem anderen Gemahl zu vermählen. Wir kennen sie schon als eine die eheliche Abwechslung liebende Figur. Eine schwache Erinnerung an diese großen Feiern hat sich in der kirchlichen Kräuterweihe am Hohen Frauentag (15. Aug.) erhalten. Auch das wissen wir bereits von Kräuterkennern, daß zu Zeiten des Augustvollmondes die letzten Heilpflanzen gepflückt werden müssen, weil sie dann das Optimum an Heilkraft erreichen.

Es ist nun Zeit, das Ritual und die Bräuche zu betrachten, welche die Kelten in Befolgung des Mondkalenders übten. Wir werden uns damit vertraut machen können und so die Lösung und den Ursprung des Aberglaubens weiter aufdecken. Jeder Kelte trug um seinen Hals den sogenannten Torques, einen Gold- oder Silberring, oft massiv. Er ist von den heutigen

Wissenschaftlern als Mondamulett erkannt worden, was zu glauben ist, denn als Mittel der Abstrahlung, die diesen Edelmetallen eigen ist, war und ist er sicherlich von hohem Wert.

Um dem Urfreitag die Gefahr zu nehmen, fasteten die Kelten an diesem Tag. Dem Körper wurde dadurch die Anpassung an die gesteigerten Einflüsse des Tages erleichtert. Darüber haben wir schon an mehreren Stellen gehört. An Urfreitagen fanden keine Versammlungen statt, Entschlüsse wurden nicht gefaßt, weder eine Jagd, noch ein Kriegszug veranstaltet. Weil aber dieser erregende Tag auch eine Steigerung der Liebessehnsucht brachte, wurde an diesem Tag gerne geheiratet. Beide Bräuche, Freitags zu fasten und zu heiraten, wurden von nachfolgenden Völkern übernommen und haben sich in ländlichen Gegenden bis Anfang dieses Jahrhunderts erhalten. Freilich aber ist der heutige Freitag nicht mehr identisch mit dem keltischen Urfreitag, denn unser Kalender ist naturfern und künstlich.

Die Germanen, die sehr gelehrige Nachahmer der Kelten waren, haben auch den Urfreitag als von besonderer Einwirkung auf das Liebesleben erkannt und gekennzeichnet, indem sie ihn ihrer Ehe- und Liebesgöttin Freya weihten. Von ihr hat er bis heute seinen Namen Freyatag, Freitag, erhalten. Christlicher Mythos hat ihn, wohl um ihn jeder heidnischen Bedeutung zu berauben, zum Sterbetag von Jesus erklärt, womit er dann ein trauriges, unheilvolles Stigma erhielt.

Es ist erstaunlich, welche weitgreifenden Kenntnisse die Kelten über die Himmelsvorgänge hatten und ihre Zusammenhänge mit irdischem Geschehen, ohne sich der Hilfsmittel der modernen Naturwissenschaft bedienen zu können. Sie haben es sogar fertig gebracht, dem gefährlichen Urfreitag seine schlimmen Einwirkungen durch entsprechende Gegenmaßnahmen zu nehmen.

Noch lebt über weite Länder hin der Aberglaube von der Einflußnahme des Mondes auf das Wachstum der Pflanzen. Er ist von der Wissenschaft im allgemeinen noch nicht anerkannt. Der Bauer oder Gärtner, der vom Einfluß des Mondes auf das Wachstum spricht, wird milde belächelt. Das Experiment, so sagt die Wissenschaft, hat es nicht bewiesen. Man hat vergessen, daß dieser Ablehnung Erfahrungswerte von Jahrtausenden gegenüberstehen.

Bis vor wenigen Jahrzehnten stellte der Bauer die Bevölkerung in großer Mehrheit jedes Landes. Er ist täglich und gänzlich vom Wetter abhängig und muß alle Feinheiten der Einflüsse berücksichtigen, will er von den Erträgen der Erde leben.

Merkt er also, daß Gewächse, die unter der Erde fruchten, wie etwa Knollen und Wurzeln, dann besonders gut gedeihen, wenn sie oder der Same bei abnehmendem Mond unter die Erde gebracht werden, wogegen die Kohlarten und Salate, die über der Erde den für den Menschen wichtigen Teil entwickeln, reichere Ernte bringen, wenn sie bei zunehmenden Mond gesät oder gepflanzt werden, so machte er sich diese Erfahrung zu Nutze. Er drückt sie in seiner symbolischen Sprache treffend aus, wenn er den Mond als Erzeuger bezeichnet, wobei es ihm völlig gleichgültig ist, worin diese Wirkung besteht. Allein wertvoll für ihn ist die Tatsache, daß die Wirkung vorhanden ist.

In den zahlreichen, kleinen Hausgärten die bei jedem Bauernhof das Auge erfreuen, dort wo sich die Bäuerin ihr Gemüse selbst baut, wo die Erde noch gesund ist und das Pflanz- oder Saatgut in Ordnung, da macht sich die Mondeinwirkung täglich bemerkbar!

Hören wir dazu den Standpunkt von Professor Dr. E. Burr an der Yale Universität:

„Jedes Lebewesen erzeugt Elektrizität. Wir spüren das, wenn beim Kämmen die Haare knistern, wenn beim Berühren eines Metallgegenstandes kleine Funken sprühen. Dann sind wir aufgeladen, meist auch gefühlsmäßig. Die Menge der Elektrizität in uns ist sehr schwankend, und einmal im Monat steigt sie rapide an. Doch nicht nur wir selbst erzeugen Elektrizität, sondern wir werden auch von einem elektromagnetischen Feld beeinflußt, das jeden von uns umgibt. Die Stärke dieses Feldes ist abhängig von der Position des Mondes. Hochspannung herrscht in uns, aber auch um uns herum, wenn der Mond voll ist, aber auch bei Neumond."

Dr. Frank Brown, Biologieprofessor an der Universität in Illinois, meint: „Es besteht kein Zweifel mehr daran, daß der Mond periodische Einflüsse auf Pflanzen ausübt."

Professor Brown hat elf Jahre lang Experimente durchgeführt und herausgefunden, daß der Wachstumsvorgang, zumindest bei Kartoffeln, mit dem Mondeinfluß zusammenhängt. In günstigen Mondphasen wachsen die Kartoffelknollen um 15 - 20 Prozent schneller als in ungünstigen.

Dipl.Ing. Hermann Jäger hat in seiner landwirtschaftlichen Versuchsstation bei entsprechender mondausgerichteter Pflanzzeit Ernten erzielt, die 25 -

30 Prozent höher lagen als die sonst in der gleichen Weise, aber ohne Mondzeitbeachtung ausgesäten Pflanzen. Mondzeiteinflüsse nachzuprüfen ist, gesunde Erde und Saatgut vorausgesetzt, nicht so schwierig.

Vielleicht mag es manchen stören, wenn er die Erfahrung macht, daß die üblen Auswirkungen des Urfreitags nicht immer genau an diesem Tag einsetzen, sondern manchmal früher oder später, also nicht datumsgenau. Er möge aber bedenken, daß es im ganzen Naturgeschehen wenig zeitgenaue Vorkommnisse gibt, weil alle Lebensvorgänge fließend sind, jeden Augenblick wechselnd.

Er wird aber bestätigt finden, daß die Zeit um den Mondwechsel alle aufgezählten Übel gesteigert bringt und daß der zweite Tag vor Mondwechsel, der Dreizehnte, eben unser Urfreitag, am gefählichsten ist.

Vom Volk gibt es noch manche Meinung über den Mondeinfluß zu erfahren. So hielt ich mich längere Zeit in Gebirgsgegenden auf, wo noch altes, keltisches Weisheitsgut erhalten ist und weitererzählt wird.

Die nachfolgenden Zeilen schrieb ich in einer Touristenhütte am Osthang des Venedigers, stilgerecht in einer Vollmondnacht. Die Nacht draußen war so hell, daß man ohne künstliche Lichtquelle hätte lesen können. Das Schlattenkees (der Gletscher) leuchtete wie ein durch kaltes Feuer von innen her erhellter Kristall und verdoppelte den Mondglanz.

Wir, die Hüttenwirtin und ich und eine alte Sennin, waren in der dunklen Stube abends lange beisammen gesessen. Schwach glühte noch ein vergehendes Herdfeuer und schenkte in der kalten Nacht behagliche Wärme. Der Mond malte helle

Rechtecke auf den dunklen Fußboden, und ich folgte aufmerksam den Erzählungen der beiden. Der Bach rauschte neben dem Haus in voller Stärke mit den Schmelzwassern des Gletschers, die ein strahlend heiß verglühter Sonnentag aus dem Eis gelöst hatte. Touristen gab es wenig mehr Mitte September, nur die zünftigen Bergsteiger nützten die klarsichtigen Tage und die verminderte Gefährlichkeit beim Gang über den Gletscher.

In wenigen Tagen würde es auch hier still werden, wenn das restliche Heu verfüttert und das Vieh zu den heimatlichen Ställen im Tal abgetrieben war. Der Bach würde sein wildes Rauschen einstellen und seine Wasser als Eis im Gletscher geborgen bleiben. Das Grün der Wiesen und Hänge würde braun werden und die Sennhütten winterlich verschlossen.

In der heimeligen Gaststube der alpinen Hütte ließ es sich gut plaudern. Der Mond macht das Gemüt still und die Lippen redefreudig; „Er löst die Seele ganz", schreibt Goethe.

So erfuhr ich allerhand über den „Maschen" (so das Dialektwort für den Mond in dieser Gegend). Manche meiner Fragen wurden beantwortet. Natürlich sei der Mond ein Wettermacher, sagte die eine. Nicht auf den Tag genau bei Mondwechsel, denn „ein Randl" (etwas Zeit) müsse man überall einrechnen, aber um den Mondwechsel herum ändere sich oft das Wetter. Das Vieh zeige das schon Tage vorher an durch besondere Unruhe, durch Freßunlust, und manchmal passiere es sogar, daß eine Kuh beim Mondwechsel verwirft.

Am wichtigsten wäre es, so hörte ich, daß man in der hellen Augustvollmondnacht Gras mähe! Ein

Teil des ebenen Talbodens sei zu diesem Zwecke besonders gepflegt und steinfrei gemacht. Dieses Gras, in der Augustvollmondnacht gemäht, sei von besonders gesundheitlichem Wert für das Vieh. Deswegen werde es nicht hier gleich verfüttert, sondern in Form von Heu als kostbare Medizin in die heimatliche Winterstallung mitgenommen. Richtig verfüttert, helfe es bei allen Viehkrankheiten.

Außerdem müsse man in der Augustvollmondnacht die letzten noch vorhandenen Heilkräuter pflücken, denn dann seien sie „am stärksten!"

Ähnliches wurde mir nicht nur hier, sondern im ganzen Alpengebiet erzählt, von den Steineralpen angefangen bis Savoien, im Elsaß, auf dem Balkan. Wir redeten so dahin, und ich wollte noch wissen, ob die beiden Frauen an den Mondeinfluß auf das Wachstum glaubten? Ei freilich, bekannten sie, lebhaft bejahend. Das wäre selbstverständlich und die Kenntnis davon lebenswichtig. Jede von ihnen hatte daheim einen Hausgarten, und sie schienen wissende und tüchtige Gärtnerinnen, soweit sie Zeit hatten.

Die Wissenschaft verneint im allgemeinen noch jeden Mondeinfluß auf das Wachstum. Die Bäuerin weiß von dieser Stellungnahme nichts, und sie würde es auch nicht ernst nehmen, denn sie fühlt genau, daß die vieltausendjährige Erfahrung jeden modernen, kurzlebigen Versuch schlägt. So geht sie denn heute noch still lächelnd in ihren chemiefreien, gesunden Hausgarten und setzt bei abnehmendem Monde das, was unter der Erde fruchtet und bei zunehmendem, was sich über der Erde entfalten soll. Sie tut gut daran, der Erfolg beweist es.

Freilich gäbe es Ausnahmen unter den Pflanzen,

werde ich belehrt, Bohne und Erbse widersetzen sich dem Mondeinfluß. Bei späteren Nachstudien fand ich die beiden Nutzpflanzen unter dem Namen Eyla und Bleyla in der Edda mit Dank genannt. Man gab ihnen dort den liebevollen Namen „die Dienenden", weil sie immer da seien, Sommer- und Winternahrung. Welches Wuchsgeheimnis verbirgt sich wohl unter der germanischen Bezeichnung?

Mit einem kleinen, etwas verschämten Erinnerungslächeln wurde mir noch erzählt, daß zum Mondwechsel herum die Burschen am liebsten „aufs Gassel" gingen. „Gasselgehen" ist hier der Ausdruck für den ländlichen Brauch des Fensterlns, bei dessen Ausübung die Burschen zum Kammerfenster ihrer Erwählten gehen, um sie dort zu einer Liebesstunde zu überreden. Dieses Fensterln geschieht oft unter beträchtlichen Schwierigkeiten, denn die Mädchen werden von Angehörigen und von den ortszuständigen Burschen bewacht.

Fensterln geht man beileibe nicht zur hellen Vollmondzeit, denn man will von der Konkurrenz nicht gesehen werden. Außerdem hatten es Generationen von verliebten Burschen erfahren, daß zwei Tage vor Mondwechsel die Mädchen am willigsten seien.

In meinem Stübchen schrieb ich später alles nieder, was ich am heutigen Abend erfahren hatte und versuchte es in die Kenntnisse einzuordnen, die ich bis jetzt über die Mondeinwirkung gesammelt hatte. Darunter befindet sich ein Versuch, Mondeinfluß selbst zu erfahren, den jeder, den es interessiert, selbst nachvollziehen kann.

Man schneidet sich von einer Tanne oder Fichte einen Ast bei zunehmendem Mond und steckt ihn in einen Blumentopf mit feuchter Erde. Ganz Genaue sagen, nicht schneiden, sondern brechen. Das Gleiche tue man bei abnehmendem Mond, schneide vom selben Baum, möglichst zur gleichen Tageszeit, wieder einen Ast und stecke ihn ebenfalls in den Blumentopf! Mit Staunen wird man wahrnehmen, daß jener Ast, der bei zunehmendem Mond geschnitten wurde, einige Wochen länger die Nadeln hält als der bei abnehmendem Mond geschnittene. Das sei besonders allen gesagt, die ihren Christbaum nach Weihnachten noch länger stehen lassen wollen.

Damit sind wir mit den Erklärungen von den so weit verbreiteten Aberglauben zu Ende.

Aberglaube?

Die natürlichen Ursachen und ihre Wirkungen bleiben bestehen, ob man Glauben und Bräuche um sie herum dem Aberglauben zuordnet oder keltischer Weisheit.

Und deshalb bleibt er gefährlich, der Dreizehnte!

KAPITEL XII

WIE WAREN DIE KELTEN?

Sie lassen die Fragen, die forschende Neugier nicht zur Ruhe kommen. Durch lebende Überlieferung von Bräuchen und Kenntnissen erwecken sie Interesse, das sie in schwebenden Konturen erscheinen läßt. Was immer man über die Kelten aussagt, es bleibt ein Rest schimmernden Geheimnisses um sie, als wollten sie sich letzter Annäherung entziehen. Wir sind den Kelten gefolgt, um sie kennen zu lernen. Geschichtliche Daten sind dabei nur bedingt zu verwenden; sie sagen über das Wesen eines Volkes nur sehr einseitig etwas aus.

In diesem Buch ist versucht worden, uns ihren Alltag, ihre still verborgene bäuerliche Entwicklung, ihre Denkweise und ihr sich langsam vollziehendes Reifen zu geistig geprägten Menschen ahnen zu lassen, ihre besonderen Talente und Eigenarten zu entdecken; schließlich, um sich mit ihnen anzufreunden und zu begreifen, daß sie zu einem tragenden Element europäischer Kultur geworden waren, gleichviel, ob ihre Aussage damals verstanden worden ist oder nicht. Sie können aus unserer Sicht als durchaus modern gelten. Durch keltische Einflüsse hat sich eine bestimmte seelische Einstimmung Europas vollzogen, sie haben den Boden für das Christentum in Europa vorbereitet.

Zusammenfassend läßt sich sagen, daß der keltische Kulturanstoß eine bis ins Kleinste gehende Einbindung in das Naturgeschehen war, hauptsächlich aber eine ihr ganzes Wesen durchglühende heidnische Naturreligion.

Grundlegend war der Glaube der Kelten an eine fortlaufende Wiedergeburt und damit an die Unsterblichkeit. Die Schöpfung sahen sie als nicht endgültig an, sondern als einen ununterbrochen andauernden, dynamischen Prozeß. Alles, auch die Götter, waren wandelbar, doch ihre Prinzipien blieben unsterblich.

Solcher dynamischer Glaube unterscheidet die keltische Religion von allen bis dahin bekannten Glaubensbekenntnissen, besonders von jenen der Antike, die Religion als etwas Definitives, Beständiges und Unabänderliches ansah.

Der keltische Glaube kennt kein Dogma, keine Morallehre. Er war eine Religion jenseits von Gut und

Böse, wenn man dies geläufige Wort gebrauchen darf. Es gab keine vorgeschriebenen Riten, die vollzogen werden *mußten*. Sie konnten sich spontan entwickeln und wieder vergehen. Religiöse Verrichtungen wurden je nach gegebenen Umständen vollzogen. Sie hatten damit ein den religiösen Glaubensinhalt stets verjüngendes Element.

Wichtig war der Ort des Vollzuges religiös-ritueller Handlungen. Er mußte eng mit der Natur verbunden sein; ein heiliger Hain, eine heilige Quelle, ein besonderer, hervorragender Opferstein. Diese enge Natureingebundenheit gab ihrer Religion die Lebensdauer des Lebendigen. Der weitgespannte, sakrale Rahmen gestattete eine Vielfalt religiösen Vollzuges und eine außerordentliche, religiöse Beweglichkeit. Jedem einzelnen war es überlassen, durch einen schöpferischen Akt sich seinen Glauben selbst zu erschaffen, im Rahmen der vom Druiden gegebenen Grenze.

Man würde angesichts der großen, religiösen Freiheit annehmen wollen, daß der Individualismus einen breiten Raum in der Kulturentwicklung der Kelten einnimmt. Das war keineswegs der Fall. Der einzelne galt nur, was er im Gefüge des Stammes darzustellen in der Lage war. Er fand sich aber im vereinten, inbrünstigen Hinstreben zum Transzendentalen in der Gemeinschaft des Volkes wieder.

So blieb die Religiosität in geschlossener Einheit wie *ein* Impuls, wie *eine* Richtung erhalten.

Eine Priesterschaft, die Verbote aussprach, herrschen wollte und Machtansprüche stellte, konnte sich unter solchen Umständen nicht entwickeln.

Es muß angenommen werden, daß es bei den Kelten eine Organisation gegeben hat, auch einen gut funktionierenden Nachrichtendienst, welcher die weit in Europa verstreuten Stammessitze der Kelten miteinander verband.

Das Vorhandensein einer solchen angenommenen Organisation ist durch das keltische Münzwesen bestätigt. Über hundert keltische Prägestätten haben zwischen den britischen Inseln und der Donaumündung nachgewiesenermaßen dreihundert Jahre lang bestanden, ausgezeichnet funktioniert und die interessanten Gold- und Silbermünzen geschaffen, die Regenbogenschüsselchen genannt und viel bewundert werden. Hunderttausende sind in den heutigen Museen erhalten.

Die Symbolzeichen auf diesen Münzen sind, wie L. Lengyel in seinem Buch „Geheimnisse der Kelten" durch geduldige und einfühlende Forschung nachweist, die schriftliche Mitteilung der Kelten über ihr geistiges Streben, über den geistigen Inhalt ihres Denkens, ihrer Religion. L. Lengyel ist dabei, diese Zeichen weiter zu entschlüsseln, und man kann mit Spannung die Resultate erwarten.

Der römische Kaiser Augustus hat diese prachtvollen, künstlerischen Prägungen durch römische Emissionen ersetzt und dadurch die enge, laufende Verbindung, wie sie durch die Zirkulation der Münzen zwischen den Keltenstämmen bestand, empfindlich gestört. Die keltischen Münzprägungen allein schon bekunden, daß wir es bei den Kelten zur Römer- und Vorrömerzeit keineswegs mit kulturlosen Barbaren zu tun haben.

Die Kelten glaubten, daß das Göttliche früher dagewesen sei als der Mensch. Die übersinnliche Existenz war ihnen eine Wirklichkeit. Es war „die andere Welt". Diese „andere Welt" war für sie eine absolute Realität.

Den pankeltischen Himmelsgott Lug dachten sie sich aus der Vereinigung von Geist und Materie entstanden. Die Erinnerung an ihn lebt noch heute in verschiedenen Orts- und Namensbezeichnungen wie Luggau, Lugendorf, Lug besonders in Gallien weiter, dort in seinem größten Heiligtum, in Lugdunum, dem heutigen Lyon.

Wie andere alte Religionen hatten die Kelten eine Göttertrias: Teutates, Taranis und Esus. Letzterer auch Cernunnos genannt. In der christlichen Lehre werden sie als Dreieinigkeit weitergeführt. Die große keltische Erdmuttergöttin findet sich bei den Germanen als Erda und als Freya wieder und spielt verklärt und christianisiert als Maria eine bedeutende Rolle. Es sei darauf hingewiesen, daß zahlreiche frühere keltische Kultplätze heute Marienwallfahrtsorte sind.

Mit feinem Gefühl konnten die Kelten erkennen, daß es geistige Bereiche gibt, die dem Menschen unzugänglich sind, und das respektierten sie.

Alles Leben, so glaubten sie, sei aus dem Wasser gekommen. Dieses Element war ihnen deshalb besonders heilig. Ihre Kultstätten lagen fast immer nahe einer Quelle, die sie von einem Quellgott beschützt glaubten. Die Natur war von guten und bösen Geistern belebt, welche nach keltischem Glauben die Elemente beherrschten.

Es ist manchmal nicht leicht, die Gefühle und Geisteshaltung der Kelten, die Form ihrer Religion von einer Denkweise zu unterscheiden und sie nicht als Philosophie zu betrachten. Weil sie aber die Welt als ständig veränderlich ansahen, fühlten sie sich zu keiner endgültigen Aussage über sie veranlaßt und stellten keine Denklehre auf.

Trotz ihrer Enthobenheit in die Bereiche der „anderen Welt“ haben sie die empirische Wirklichkeit um sich herum sehr genau wahrgenommen und sich mit ihr auseinandergesetzt.

Zur Zeit des keltischen Vorstoßes rangen in Europa der asiatische Mondkult mit dem indoeuropäischen Sonnenkult. Dieses Spannungsfeld war Ursache geistiger und auch kriegerischer Auseinandersetzungen. Beide Kulte waren sehr ausgeprägt und kraftvoll. Ihr Ringen ist vielfach in keltischen Sagen, Erzählungen und Glaubensformen überliefert und wird besonders ausdrucksvoll in den Münzprägungen dargestellt.

Die Vorherrschaft der Religion im Leben der Kelten hatte gewaltige prägende Kraft. Aus dieser Kraft entwickelten sich kennzeichnende Eigenschaften, wie Beharrungsvermögen und Durchsetzungsfähigkeit. Ein Beispiel ist Vercingetorix, der nach jahrelangen, blutigen Kämpfen von den Römern besiegt und jahrelang in schwerer Kerkerhaft angekettet gehalten wurde. Nach sieben Jahren dieser Kerkerhaft verweigerte er ungebrochen Cäsar den rettenden Kniefall und ließ sich lieber von dessen Schergen im Kerker erwürgen.

Wer mit fanatischer Glaubensgewalt von der Überzeugung fortlaufender Wiedergeburt durchdrungen ist, der sieht die Realität des Leibes nicht als die wichtigste Größe an und mißt seinem Leben nicht jene Bedeutung und Schwere bei, die ein Geschichtsbewußtsein sich entwickeln läßt.

Die Kelten hatten tatsächlich keinen Sinn für ihre eigene Geschichte. Sie haben nie den Drang empfunden, sich in monumentalen Bauten zu verewigen oder die Geschichte ihres Volkes niederzuschreiben.

Entsprechend ihrem Glauben an die Gestirne, der ihnen für die Frist des herrschenden Tierkreiszeichens einen großen, aber begrenzten Zeitraum der irdischen Entwicklung und Wirksamkeit zusprach, war Fruchtbarkeit ein religiöses Grundthema. Die natürliche Folge war die Entwicklung einer hervorragenden, kenntnisreichen Gesundheitsfürsorge, die nicht nur die Grundlage der europäischen Volksmedizin geworden ist, sondern auch das Keltenvolk dazu befähigte, sich zu Stämmen von überquellender, gesundheitsstrotzender Lebensfülle zu entwickeln. Rasch wurde der Lebensraum zu eng.

Um etwa zweitausend vor Christus dürfte die kollektive Auswanderung der keltischen Stämme aus der Entwicklungsbasis begonnen haben. Die Zeit der Kelten war angebrochen, ihre Expansion unaufhaltsam. Aus dem Herzen Europas kommend, nahmen sie ihren stürmischen Weg über den ganzen Kontinent hin und darüber hinaus.

Jeder Leser wird sich die Frage stellen, wie stark eigentlich die Keltenvölker gewesen waren, denn ein Volk, das einen ganzen Kontinent überrannte, ohne sich, wie es die Römer taten, zahlreicher Hilfstruppen aus den besiegten Völkern zu bedienen, sondern aus eigener Kraft die Ausbreitungswelle aufbrachte, mußte eine außerordentliche hohe Menschenzahl gehabt haben. Die Geschichtsschreiber berichten darüber nichts Genaues. Sie schildern zwar die kriegerischen Begegnungen zwischen den Kelten und anderen Völkern, auch die Zahl der Toten aus den Schlachten, aber über die anzunehmende Kopfzahl sagen sie nichts aus.

Die Ausbreitung der Kelten und die Durchdringung vieler Völker mit ihrem Wesen schuf eine gemeinsame Geistes- und Gefühlsebene, eine erste europäische gemeinsame Basis, die über alle trennenden Gebirgszüge Europas hinübergriff. Daß es damals noch nicht zu einer europäischen Einigung kam, mag daran liegen, daß zwei Weltenzeitalter aneinander stießen: nämlich das Ende des großen, 25.800 Jahre dauernden Sonnenjahres, das mit dem kräftigen Weltenmonat im Zeichen des Stieres den Abschluß setzte mit dem Beginn und Aufstieg des neuen großen Sonnenjahres, das stets im Sternzeichen des Widders vor sich geht. Dieser etwa zweitausend Jahre dauernde Weltenmonat des Widders ist gleichzeitig der Frühlingspunkt des großen Sonnenjahres. Es begann diesmal etwa zweitausend Jahre v. Chr. Dem Charakter dieses Weltenmonats gemäß sind neue, stürmische, geschichtliche, geistige, vielleicht auch klimatische und biologische Änderungen die Folge, die tief in die Entwicklung der Menschen eingreifen. Träger dieses entscheidenden Frühlingspunktes im großen Sonnenjahr waren diesmal schicksalhaft die Kelten.

Man kann sich vorstellen, daß die Kelten in der Zeitspanne ihres Niederganges, in der sie noch große kulturelle Werte schufen (Hallstattzeit), durchaus im Bewußtsein lebten, daß ihre schweigend verhaltenen, unausgelebten, schöpferischen geistigen Kräfte später in einer neuen Wiedergeburt zur Gestaltung kommen würden. Die Druiden mögen sie darin bestärkt haben, daß sie Same seien, Frühlingsbeginn zu neuem

Aufgang des Menschheitsweges. So mag ihr friedlicher Rückzug und ihre friedliche Vermischung mit den jeweiligen einheimischen Wirtsvölkern erklärt werden. Wer die Rückzugswege der Kelten verfolgt, kann sich dieser Tatsache nicht entziehen.

Dürfen wir uns in der heutigen, so dynamisch nach neuen Werten suchenden Zeit vorstellen, daß das Emporwachsen keltischen Samens wieder lange verlorengegangene und fremdgewordene magische Kräfte erstehen läßt und damit eine immense Ausweitung unseres Wesens möglich macht?

KAPITEL XIII

DRUIDEN, BARDEN, FILID

Geführt und geformt wurden die Kelten in allen Lebensbereichen von einer Elite, den Druiden.

Das Wesen der Druiden und ihrer Weisheiten ist Dank der eifrigen Forschung durch die Keltologen nicht mehr in undurchdringliches Dunkel gehüllt. Die Druiden waren dem keltischen Volk entwachsen, wie ein riesiger breitästiger Baum, unter dessen gewaltigem Gipfeldach Hort und Zuflucht für vielerlei Entwicklung sein kann.

„Die Druiden sprechen die Sprache der Götter",

sagten die Griechen von ihnen. Sie bezeichneten sie als „die Gerechtesten aller Menschen“ und erhoben sie in den Rang von Philosophen.

Philosophen, die ein Staatswesen lenken, und ein Volk, das sich von Philosophen lenken läßt, ist schwer vorstellbar, wie auch das dazu notwendige Vertrauen und die restlose Hingabe. Beides scheinen die Kelten besessen zu haben.

Wir wissen über die Druiden, daß sie eine jahrzehntelange und umfassende Ausbildung durchgehen mußten. Den Sitz ihrer zentralen, zweifelsohne vorhandenen Schulen und die Namen und die Art ihrer Lehrer kennen wir bis jetzt noch nicht.

Tätig waren die Druiden, soweit bekannt, als Priester, Wissenschaftler, als Ärzte und Lehrer, als Politiker, Staatsmänner, als Richter und Diplomaten. Vielleicht kann man sich die Druiden als eine Art Männerorden vorstellen, Vorfahren der in späteren Zeiten während des Sternbildes der Fische so zahlreichen Klosterinsassen, dem hochbegabte und gebildete Mitglieder angehörten.

In jeder, der von ihnen ausgeübten Tätigkeit waren sie unübertreffliche Experten. Die lange Ausbildung ließ sie in den verschiedenen Berufen erst als gereifte, würdige Männer tätig sein, und dies allein schon verschaffte ihnen Gehör und Autorität. Sie nahmen die erste und oberste Stellung im Volk ein. In jeder Versammlung hatten sie vor dem König das erste Wort.

Da die meisten Keltenstämme keine Staatseinheit in unserem Sinne waren, auch nicht anstrebten, muß man sich in der Person des Königs eher einen Stammesfürsten oder einen gewählten Fürsten über mehrere Stämme vorstellen. Für Könige unserer Bedeutung als Haupt einer Hierarchie oder Wahlmonarchie oder erbliches Herrschertum war neben der umfassenden Autorität der Druiden kein Platz.

Gemeinsame Sprache und gemeinsame Religion waren in den ersten Jahrtausenden keltischer Wirksamkeit in Europa ein unzerreißbares Band.

Die Römer wußten um den Einfluß und die Macht der Druiden und fürchteten ihr undurchschaubares Wirken und Wesen. Undurchschaubar waren sie den meisten Völkern, denen sie begegneten, und sind es lange Zeit geblieben. Auch heute können wir noch nicht von klarer Durchschaubarkeit reden.

Der Begründer der Anthroposophie, Rudolf Steiner, hat sich außerordentlich für die Druiden interessiert und seinerzeit einen ausführlichen Vortrag über diese Priester gehalten. Er hat dabei kühne Gedanken geäußert und im Sinne der Geisteswissenschaft manches Geheimnis aufgedeckt.

Steiner setzte den Höhepunkt der Druidenkultur wesentlich früher an als es üblich ist und meint, daß die Geschichte nur das zeige, was in den Verfallszeiten rege war.

Schriftzeichen ließen die Druiden nicht zu. Sie wollten die Urschrift der Natur und des Alls lesen und keine andere. Anscheinend hatten sie auch die Methoden dazu.

Diese Haltung erklärt Steiner damit, daß sie anscheinend bestrebt waren, dem durch den damaligen Merkureinfluß eindringenden Intellektualismus, dessen Träger und Verbreiter die Schriftzeichen sind, den Eingang in die Volksseele der Kelten zu verwehren.

Das Verbot der Zeichensetzung, der Schrift, erstreckte sich soweit, daß einer, der schrieb, als krank bezeichnet wurde und geheilt werden sollte. Doch dabei kam es zu Schwierigkeiten.

Die Kelten, so heißt es im Vortrag, hätten Mittel gegen alle Krankheiten gehabt, jedoch die aus den gemalten Zeichen entstandene intellektuelle Zivilisation sei unheilbar und müsse zum Tode führen.

Cäsar berichtet, daß unter Führung der Druiden religiös-politische Versammlungen stattgefunden hätten, und aus der späteren Zeit römischer Besetzung von Gallien wird von Aufständen gegen die Römer erzählt, an denen ein Druide mit dem heiligen keltischen Namen (Arborius), ein Baumgeist, führend teilgenommen haben soll. Auch beschreibt Tacitus die Episode des Maricus, eines Propheten und Druiden, der zu einem Volksaufstand gegen die Römer aufgerufen und deren Sturz vorausgesagt haben soll.

Jedenfalls weiß man, daß die Druiden unter Augustus geduldet waren, jedoch keine römischen Bürger sein durften. Unter Tiberius wurden sie äußerst grausam verfolgt und unter Claudius vertrieben.

Fast gleichgeschätzt wie die Druiden wurden von den Kelten die Barden, jedoch hatten sie nicht deren die Königswürde übersteigende Autorität und Macht. Sie waren aber ein wichtiger Bestandteil der keltischen Kultur zur Pflege des Wortes und der Überlieferungen. Sie mußten sich ebenfalls einer langen, sorgfältigen Ausbildung unterwerfen. Mythologie, Metrik, Sprechkunst, Musik, Gesang, Vortragskunst waren ihre Studiengebiete. Ihre Aufgabe war es, in höchster Kunstfertigkeit als Sänger und Erzähler die keltischen Überlieferungen, Sagen, Götter- und Heldengedichte vorzutragen. Diese Art der Überlieferung ersetzte dem Kelten die bewahrende Schrift. Ihre Vortragskunst soll gewaltig gewesen sein, die Popularität einzelner Barden länderweit.

Irische, christliche Mönche waren es, die von der Schönheit und dem geistigen und inneren Gehalt der keltischen Gedichte und Gesänge so entzückt waren, daß sie trotz des heidnischen Inhaltes diese bardischen Kunstwerke nach der Christianisierung, sicher aber vom 6. Jahrhundert an, gesammelt und niedergeschrieben haben. Sie sind in Irland in den sogenannten „Tausend Büchern" erhalten.

Es mag ein Irrtum sein, wenn ich die vielfachen, musikalischen Bestrebungen, Gedanken in ungereimter Form zu singen, wie das heute in Gruppen und von Einzelnen versucht wird, in bardischer Linie sehe, als eine Art bardische Wiedergeburt. Es sind dies gewiß derzeit noch halbfertige Versuche und haben die vollkommene stilistische Höhe und Ausdrucksform noch nicht gefunden, entbehren noch der Reife und jener Vollkommenheit, die nur in langer Zeit gewonnen werden kann; deshalb erregen sie manchmal schiefe Beurteilung und Ablehnung.

Ein drittes, kulturtragendes Element im Keltenvolk waren die Filid. Man kann sie als Seher, Dichter und Kunstkritiker bezeichnen. Sie waren für die Naturforschung, für die prophetische Medizin, für Wahrsagung, für die Gestaltung der Bräuche und Aussageformen der Weisheiten tätig. Barden und Filid standen unter der Leitung der Druiden. Der Bardenlehrling hieß Mabinog. Nach diesem Wort nennt sich eine walisische Sagensammlung Mabinogion.

KAPITEL XIV

EINTRITT IN DIE GESCHICHTE

Es wird keine leichte Aufgabe gewesen sein, ein Volk von solchen Eigenschaften, wie wir sie an den Kelten kennen, aktiv zu formen und zu führen. Die Weisheit der Druiden, keinerlei strenge Fesseln durch harte Vorschriften um die Menschen zu legen, ist bemerkenswert, ebenso ihr Vertrauen in die Begabung und Ergebenheit des geführten Volkes. Man kennt nur die schlichte Anweisung der Druiden: „Seid tapfer und ehrt die Götter."

Da sie so durchdringend ihren Einfluß auf das Leben des Volkes ausübten, war den Druiden auch eine Schicksalsverantwortung auferlegt, die sie leicht bewältigen konnten, solange das Gestirnszeichen des Widders Aufstieg verhieß. In dem Augenblick aber wurde sie zur schwierigen Bürde, als das zuständige Tierkreiszeichen seinen Höhepunkt erreicht und überschritten hatte.

Das sternenkundige Volk der Kelten las sein absteigendes Jahrtausend aus dem Gang der Gestirne. Da gab es kein Verschleiern, Mildern, Wegdeuten oder Lügen seitens der Führung.

Die Kelten waren um 2000 vor Christus noch nicht in die Geschichte eingetreten, doch darf man annehmen, daß es um diese Zeit gewesen ist, als sie, ein Volk von zahlreichen Stämmen, ihr europäisches Entwicklungsland in Böhmen verlassen und in vielen, immer wieder anrollenden Wellen ganz Europa und einen Teil Kleinasiens besiedelt haben.

Ringsum lebten zum gleichen Zeitabschnitt sehr begabte Völker, denen aber Kenntnis und Empfangsbereitschaft der Kelten gefehlt haben müssen, auch der entscheidende Hinweis zu den Gestirnszeichen. Nach sehr erfolgversprechenden Anfängen sind sie nicht zur vollen politischen und kulturellen Entfaltung gekommen und sind auch ohne geistigen Einfluß auf spätere Zeiten geblieben. Wer die Geschichte alter Völker kennt, wird wahrgenommen haben, daß nur jene zu Dauer und großen Kulturleistungen gekommen sind, die das Einwirken der Gestirnswelt (nicht nur von Sonne und Mond) auf das gesamte Leben der Erde beachtet und in ihren Kult eingebaut haben. Die Kelten sind durch ihr Schicksal, am Frühlingspunkt des großen Sonnenjahres gestanden zu haben, mitprägend für die Entwicklung der Menschheit im großen Sonnenjahr. Auch heute steht der sich so nüchtern gebärdende Mensch mit dem Sternengang gefühlsmäßig in Verbindung, offen oder verborgen. Deutlich kündet es noch die Sprache. Allgemein bekannt und gebraucht ist das geflügelte Wort „sein Stern ist im Sinken“ oder „sein Stern steigt auf“, wenn man von Menschen redet, deren politische, künstlerische oder gesellschaftliche Karriere im Auf- oder Abstieg ist; auch schreibt man es einem schicksalshaften „Unstern“ zu, wenn ein Vorhaben mißglückt.

Die an Zahl starken Kelten stießen nicht immer in leere Räume vor, sondern wurden rasch in wechselvolle Kämpfe verwickelt. Obwohl ihre Landnahme rücksichtslos, ja manchmal vielleicht grausam war, haben sie doch niemals ein Volk ausgerottet und Völkermord begangen, wie ihn die Römer als Mittel letzter Unterwerfung eines bekämpften Volkes rücksichtslos geübt haben.

Auf solche Art schufen sie eine allmähliche Beruhigung im neuen Siedlungsraum, die Möglichkeit zu einer gegenseitigen, freundlichen Annäherung, zum friedlichen Kennenlernen.

Durch die europaweite Ausbreitung, durch ihr Beharrungsvermögen und ihre Durchdringungskraft der ursprünglichen Bevölkerung, bereiteten sie den Boden für eine Frühform europäischer Einheit, ja sie legten den Keim für die Entwicklung und das Aufleben einer Geistesgrundlage, in der mit der Zeit ein Gefühl europäischer Einheit aufkeimen konnte und sich tatsächlich rasch in einer aktiv gezeigten, gemeinsamen Abwehr gegen später eindringende Volksscharen aus dem Osten bekundet hat.

1500 vor Christus hatten sich die Kelten im gesamten süddeutschen Raum ausgebreitet, 900 vor Christus hatten sie Frankreich erreicht, ein Land, das sie für überaus günstig befanden und allmählich mit 50 Stämmen besiedelten. Frankreich wurde so zu Gallien, dem europäischen Hauptland der damaligen Kelten. Auch in Österreich gründeten sie einen großräumigen Stützpunkt, das Königreich Norikum.

In Gallien saßen sie nahezu tausend Jahre lang, bevor es von den Römern erobert wurde. Dorthin verpflanzten sie hauptsächlich eine Fülle ihrer vierhundert Götter.

Ein pikantes Detail am Rande der gallischen Göttergeschichte ist die Darstellung des keltischen Tiefen- und Wachstumsgottes Cernunnos, der über der Stirn ein Hirschgeweih trägt und seine Gattin mit dem Himmelsgott Taranis teilen mußte.

Bei der Vorliebe der heutigen Franzosen und ehemaligen Gallier für die spöttische Darstellung des gehörnten Ehemannes läßt sich der Zusammenhang mit dem solange zurückliegenden Ursprung unschwer finden. Das symbolisch spielerische Zeichen hat mit seiner Bedeutung Jahrtausende überlebt.

Obwohl die Kelten ob ihrer Kampfeswut gefürchtet waren, so gewannen sie doch mit ihrer bezwingenden Lebensfreude, durch ihre lockere, heitere, ja leichtsinnige Art zu leben, auch Freunde.

Eine besondere und befruchtende Anziehung übte der keltische Glaube und seine Ausübung durch die Bräuche auf die Wirtsvölker aus. Man kann es gut nachfühlen, wie sie die Furchen des unbebauten, seelischen Bodens dieser Menschen aufgerissen haben und in die fest versiegelten Tiefen ihrer Wirtsvölker eingedrungen sind, befruchtend, wie der Same in die Ackerbreiten fällt.

Wenn die Kelten 2000 vor Christus, geführt von ihrem Sternzeichen, zu ihrer Wirksamkeit aufgebrochen sind, so hatten sie tausend Jahre später die Höhe ihrer Expansionskraft erreicht und überschritten. Ein Jahrtausend vieler Möglichkeiten lag im absteigenden Sternzeichen noch vor ihnen und sie erfüllten es mit bemerkenswerten Entwicklungen.

Mit großer Flexibilität nahmen sie in diesem Jahtausend noch von eindringenden Reitervölkern, wahrscheinlich kymrisch-thrakischer Herkunft, eine gewisse soziale Differenzierung an.

In diesem Jahrtausend entwickelte sich auch von 400 – 800 vor Christus die Hallstattkultur, die zwar nicht rein keltisch ist, sondern heterogen, aber durch bemerkenswerte Handelsbeziehungen weit ausstrahlend war. Ohne Zweifel sind die Kelten darin hervorrangende Gestalter gewesen. Als große und mächtige Salzbarone wußten sie ihren Reichtum nicht nur zu gewinnen und zu erhandeln, sondern auch zu verteidigen. Ihre Waffenkunst half ihnen dabei.

Vom 6. Jahrhundert an sind sie in die Geschichte eingetreten. Die Geschichtsschreiber erwähnen von nun an die keltische Welt und nahmen Kenntnis von ihr.

Im 5. Jahrhundert vor Christus stellte man schon überall den Torques her, jenen Halsring aus Gold und Silber, den jeder Kelte als Mondamulett getragen hat. Metallverarbeitung gab es damals schon allenthalben.

Die Druiden dürften auch diesen Abschnitt im keltischen Volksleben geleitet und sich als treffliche Lehrer erwiesen haben. Rasch lernten sie überall die

Landessprache. Sie erwiesen sich als tüchtige Bauern, ausgezeichnete Viehzüchter und Handwerker. Ob ihrer Gedankenwelt und Weltanschauung aber wurden sie von allen Völkern, denen sie begegneten, als befremdend anders empfunden.

Nach der Hallstattkultur folgte jene von La Tene I - V, eine Kultur, die ausgesprochen eigenständig war, durchaus keltisch homogen, angriffslustig und von einer gewissen Eleganz. Sie zeigte die Kelten als ausgezeichnete und hochbegabte Meister der Metallverarbeitung.

An Hand der Ausgrabungen stellte man fest, daß sie damals noch ihren Göttern treu waren, ihre geistige Haltung bewahrten und von Druiden geführt wurden.

Das änderte sich, denn das Sternzeichen des Widders sank. Noch gab es zwischen den Keltenstämmen über weite Länder hin enge, verwandtschaftliche Beziehungen, gemeinsame Sprache und Religion. Ein weiteres Band bildeten die symbolbedeckten keltischen Münzprägungen, die von der atlantischen Küste bis zur Donaumündung jahrhundertelang verbindend wirkten. Doch die Münzprägung wurde von den Römern verboten und durch römische Emissionen ersetzt. Das trug zur Lockerung der Volksverbände bei. Der Zerfall begann. Ganze Keltenstämme verdingten sich als Krieger an fremde Herren, so daß Kelten zeitweise unter verschiedenen Völkern gegeneinander kämpften. Die gemeinsame Sprache verfiel und wurde in manchen Stämmen ganz vergessen.

Wie sich dem Beobachter zeigt, ist der Einfluß eines Sternzeichens kein plötzlicher, sondern verläuft allmählich mit steigender Wirkung beim Aufwärtsgang und mit verminderter beim Abwärtsgang. In der keltischen Geschichte können wir dies ganz ausgezeichnet wahrnehmen. Kurz nach Christi Geburt, also mit Eintritt des Sternzeichens der Fische, nahm die Kraft des Widderzeichens so ab, daß für die Kelten die entscheidenden Schicksalswenden eintraten.

Im ersten Jahrhundert nach Christus begannen die unbarmherzigen Druidenverfolgungen durch die Römer. Trotzdem wirkte die keltische Kraft noch in die Christianisierung hinein, der sie, obwohl im Abstieg, noch vielfach Akzente verliehen haben.

Das frühe keltische Christentum war von der leidenschaftlichen Substanz keltischer Religiosität durchdrungen, und viele christlichen Feste erhielten Leuchtkraft und Lebendigkeit durch sie, was noch heute aufgefunden und erkannt werden kann.

In den zweitausend Jahren ihrer Gestirnszeit haben die Kelten in der ihnen eigenen Art immer für Überraschungen gesorgt und Rätsel aufgegeben. So wird berichtet, daß sie von Zeit zu Zeit in eine Art kriegerische Kampfeswut verfallen wären. Eine nicht zu unterdrückende Unruhe hätte sie ergriffen. Günstige Siedlungsräume hätten sie verlassen, ohne dazu gedrängt oder vertrieben worden zu sein und wären ins Unbekannte gezogen, auf der Suche nach neuem Land. Wie kann man das erklären? Welches Land suchten sie? Welche Heimat? War es ein Land jenseits rationaler Erklärung? War es jenes „andere Land“, von dem sie immer redeten, das in ihrer geistigen Vorstellung immer Bestand hatte, das ihnen als Phantasiegebilde vorschwebte, das sie aber dennoch als feste Realität annahmen, als ein Land endgültiger Erfüllung?

Oder suchten sie jenes Land, von dem der chinesische Weise Yu-Ching sagt: „Das Geheimnis im Herzen des Geheimnisses ist das Land, das es nicht gibt, denn dieses Land ist die wahre Heimat!“

Haben die Kelten dieses Land gefunden? Schicksalhaft und entscheidend für sie, wohl auch für Europa, war ihre Begegnung mit der Antike.

KAPITEL XV

VERFEHLTE BEGEGNUNG

Bildung und Kulturstand in Europa haben sich durch Jahrhunderte am klassischen Vorbild der griechischen und römischen Welt orientiert. Das ging so weit, daß die Humanisten sogar weder die gotische, noch die romanische Kunst gelten ließen. Die geistigen Leistungen der Kelten wurden erst im 19. Jahrhundert entdeckt und beachtet.

Die Kelten hatten sehr wohl hohe Kulturwerte entgegenzusetzen, nämlich die fertige geistige Entwicklung eines neuen Weltbildes. Sie dürften sich dieser Werte beim Zusammentreffen und Zusammenleben mit der Klassik sehr wohl bewußt gewesen sein.

Jedenfalls war mit der europäischen Klassik ein großer Zeitraum menschlicher Entwicklung abgeschlossen und zu Ende gebracht. Neues mußte kommen, denn die Klassik war, will man es zugeben oder nicht, der über zwei Jahrtausende dauernde Schlußmonat eines großen Sonnenjahres, kein Anfang. Sie war ein Schritt nur auf dem langen Menschheitsweg und schon im Abstieg begriffen, als die Kelten entscheidend den klassischen Völkern begegneten und mit ihnen kämpfen und leben mußten.

Europa sucht derzeit noch sein eigenständiges, allgemein akzeptiertes Ichbewußtsein, das es so lange als nicht erreicht bezeichnen muß, als es noch immer in tausenden Worten und Begriffen der Klassik verhaftet ist, ohne eigenschöpferische Worte und Begriffe an deren Stelle setzen zu können. Als Beispiel diene, daß sämtliche politischen Worte und Begriffe und die meisten in manchen wissenschaftlichen Disziplinen gebrauchten aus der Klassik stammen.

Die Denkweise der Kelten war der damaligen Zeit sehr weit voraus, vergleichbar dem Frühling im Jahresgang des kleinen Sonnenjahres, der schon alle Anlagen zur sommerlichen Frucht und herbstlichen Reife in sich trägt. Sie war sozusagen eine Frühgeburt und kann erst jetzt in ihrer Dynamik, ihrem Wert und ihrer Bedeutung voll erkannt und gewürdigt werden. Sie ist in überraschender Weise heutig, also modern und eignet sich vortrefflich dazu, jetzt und später gepflegt und weiter entwickelt zu werden.

Der schöpferische griechische Geist war auf Gegenständlichkeit der Natur und des Menschen ausgerichtet; dem Kelten jedoch war die Gegenständlichkeit nur Umkleidung nicht sichtbarer Werte und Kräfte. Der Geist nahm für sie in den Ordnungen der Natur den ersten Platz ein.

Die Griechen liebten eindeutige und nach Vollkommenheit strebende Formen. Sie waren vom Menschenbild und seiner neu entdeckten Schönheit und Vollkommenheit so erfüllt, daß sie sogar Götter in Menschengestalt darstellten, was für die Kelten gänzlich unverständlich und unannehmbar war. Später haben auch sie Plastiken von Menschen und Göttern gestaltet, das geschah jedoch unter fremdem Einfluß, als ihre eigene Tradition verfiel; diese keltischen Plastiken waren von gänzlich anderem als klassischem Geist erfüllt, durchaus originell und ausdrucksstark.

Das klassische Weltbild war statisch, das keltische dynamisch. Zwei diametral entgegengesetzte Weltanschauungen begegneten einander. Das ergab weitgehende geistige Auseinandersetzungen und Verständigungsschwierigkeiten.

Die Klassik war selbstbewußt und geneigt, auf alle kulturellen Äußerungen herabzuschauen, die sich bei Völkern jenseits der Alpen bemerkbar machten. Sie wurden einfach mit der Bezeichnung „barbarisch" abgetan.

Die Griechen formten ihr Urteil über die Kelten entsprechend den Fähigkeiten ihrer gegenständlichen Betrachtungsweise. Da konnte es vorkommen, daß sie manchmal Lebensstil und Lebensinhalt der Kelten verwechselten.

Die Wesensverschiedenheit zwischen beiden Völkern war sehr groß. Dem von den Griechen betonten Individualismus stand das keltische, sehr starke Stam-

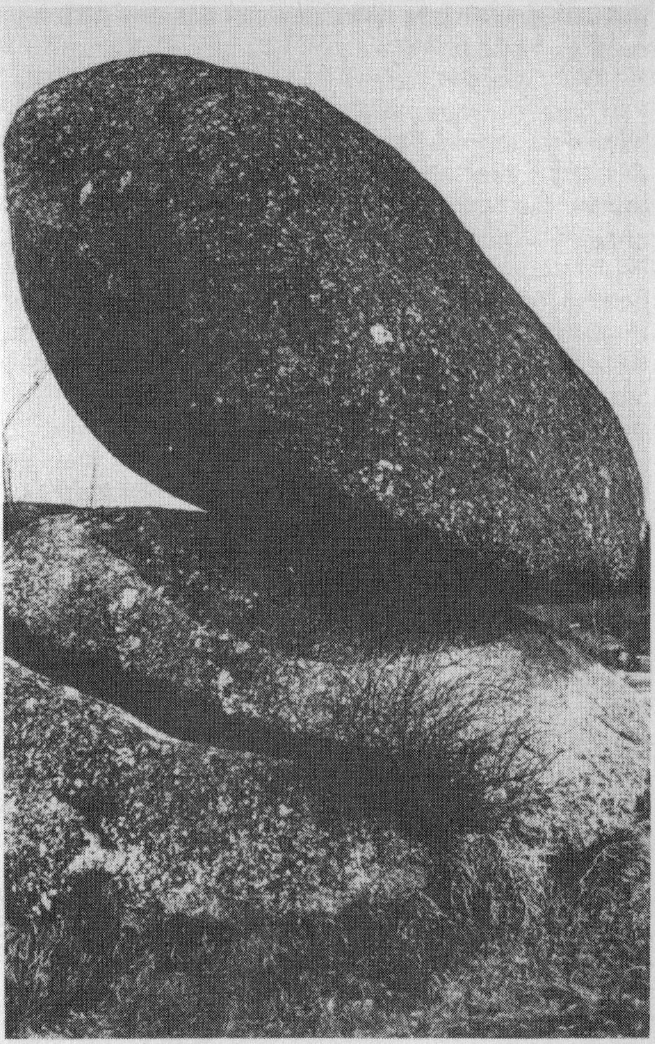

mesbewußtsein gegenüber, das der Individualität wenig Raum gestattete.

Die Griechen hatten einige Denklehren entwickelt, um mit ihrer Hilfe die Welt zu begreifen. Die Kelten suchten die Welt mit dem Gefühl zu erfassen, nicht mit dem Verstand. Man kann sich vorstellen, welche fast unüberbrückbaren Gegensätze sich so gegenüberstanden.

Trotzdem begriffen die Griechen etwas von der Bedeutung dieses so fremd erscheinenden Volkes. Der Eindruck war so stark, daß sie den Kelten zubilligten, von ihrem Lieblingshelden Herakles abzustammen. Sie bewunderten ihren Glauben an eine ständige Wiedergeburt und an die Unzerstörbarkeit und Unsterblichkeit der Seele. Von den Druiden sagten sie, daß sie die Sprache der Götter sprächen. Es gab auch andere Ansatzpunkte, die zu befruchtendem Kennenlernen hätten führen können. Heraklit hatte seine Worte: „alles fließt" gesprochen und mit ihnen eine Schau ausgedrückt, die durchaus jener der Kelten verwandt war. Wir wissen jedoch, daß dieser Satz als Grundlage einer Philosophie sofort von bedeutenden Griechen verworfen und bekämpft worden ist.

Da war auch noch der große Sophist Protagoras, der die Relativität aller Erscheinungen, gleich den Kelten, bekundete. Er konnte sich aber in der griechischen Geisteswelt nicht durchsetzen. So ist es zu keiner Verständigung gekommen.

Freilich waren die Kelten noch nicht imstande, sich entsprechend verständlich zu machen. Sie hatten noch keine Worte, Denkformen und Begriffe entwickelt, die ihr eigenes Weltbild hätten erklären können. Die Begegnung der beiden Weltanschauungen enthielt eine gewaltige Schicksalsmöglichkeit. Eine gegenseitige Durchdringung beider Denkformen wäre mit der Zeit vielleicht möglich gewesen und hätte zu einer Synthese führen können, welche die Grundlage gemeinsamer europäischer Kultur und europäischen Fühlens hätte hervorbringen können.

Was den Kelten mit den Griechen nicht gelungen war, konnte noch viel weniger mit den Römern zustande kommen, denn zwischen Kelten und Römern waren die Gegensätzlichkeiten noch viel ausgeprägter und auffallender.

Die Römer widmeten, gleich anderen alten Völkern, ihre geistige Kraft der sinnlich wahrnehmbaren Welt. Ihre Denkgrundlage fußte auf der Vorherrschaft der Fakten. Den Kelten aber war die Beweiskraft der Sinne nicht die einzige Beweiskraft. Sie hatten noch andere Wahrnehmungsfähigkeiten.

Es ist verständlich, wenn die Römer die Kelten nicht begreifen konnten. Die Fremdartigkeit und Andersartigkeit, die sie so oft auch von anderen Völkern distanzierte, trat den Römern gegenüber besonders deutlich in Erscheinung. Selbst wenn die ersten Begegnungen zwischen Kelten und Römern nicht kriegerisch gewesen wären, hätte es bei der so prägnanten Verschiedenheit auch keinen Brückenschlag gegeben.

Die Römer erlitten damals durch die Kelten schwere Niederlagen und waren von der todesmutigen Kampfeswut und kenntnisreichen Strategie sehr beeindruckt. Von dem Schock, den sie erlitten hatten, konnten sie sich lange nicht erholen. Cäsar wagte es erst dann, in Gallien, dem Land der Kelten, einzudringen, als dort schon die Einheit der Stämme auseinanderfiel und sie sich gegenseitig bekämpften.

Allgemein war bei den Römern die Meinung vorhanden, daß es außerhalb des Mittelmeerraumes keine ebenbürtige Kultur gäbe. Sie hielten deshalb die Kelten für kulturlose Barbaren. Auch waren sie keineswegs gewillt, sich mit Völkern, denen sie begegneten und die sich ihnen widersetzten, anders als kriegerisch auseinanderzusetzen. Die Lebensart der Kelten, die auf der Verbundenheit mit den Naturmächten beruhte, verlachten sie. Von jenen überwältigenden Aspekten des Weltalls, die nicht faßbar sind und über den Verstand hinausgehen, begriffen die Römer nichts. Für sie existierten die Kelten nur so, wie sie von ihnen gesehen werden konnten, als Kampfgegner, nicht als Menschen mit der ihnen eigenen Seinsweise.

Von vorneherein waren die Römer Verächter des keltischen Lebens. Sie verachteten das soziale Gefühl, ihr Hab und Gut, ihre Art der Feldbestellung, ihre Stammesführungen und Stammesordnungen. Altertümliche, überlieferte Riten wurden von einem beliebigen Administrator rücksichtslos und kurzerhand durch einen Strich auf seinem Schreibtäfelchen beseitigt.

Das Zusammentreffen mit der naturentfremdeten Hochzivilisation läßt sich leicht in einem sehr einfachen ländlichen Beispiel darstellen:

Unter dem Einfluß der Römer haben Mönche (der Katholischen Kirche) einen entscheidenden Eingriff in natürliche Gegebenheiten gemacht, indem sie Heilpflanzen wahllos in Klostergärten zogen. Das mag manchem als Fortschritt erscheinen, ist aber ein grobes Mißverstehen natürlicher Vorgänge. Viele Heilpflanzen, man kann sagen, fast alle, verlieren auf diese

Weise ihren Heilwert. Deshalb werden die von der Wissenschaft angestellten Prüfungen über die Bedeutung der pflanzlichen Volksheilmittel, die man an in Gärten und Feldern gezogenen Heilpflanzen vornimmt, stets zu unbefriedigenden Resultaten führen.

Die Pflanze will sich ihren Standort selbst auswählen, um das zu sein und zu wirken, was sie nach dem Schöpfungsplan sein und tun soll. Sie wählt sich ihren Standort deshalb sehr genau, und nur so erreicht und bewahrt sie ihre wirkliche Heilkraft.

Ein schlagendes Beispiel sind die vielfachen, jahrelangen und geduldigen Versuche, die in China an der Ginsengwurzel vorgenommen wurden. Diese Pflanze widersetzt sich hartnäckig dem Versuch, künstlich gezogen zu werden und verliert bei dieser Prozedur jede Heilkraft.

Die ehrfurchtslose Unfähigkeit, die Wesenheit einer Pflanze nicht nur nicht zu erkennen, sondern zu mißachten, kennzeichnet das Beherrschungsstreben einer niedergehenden Zivilisation, einer naturentfremdeten, lebensvernichtenden Welt.

Hören wir, was die klassischen Geschichtsschreiber über die Kelten berichten. Geschichtsdaten werden hier nicht angeführt, weil sie über das Wesen eines Volkes nichts aussagen. Kurz also dies: Beschrieben werden sie als große, schöne, weißhäutige Menschen, mit blauen Augen und mit rotem Haar, das sie noch durch Gipswasser versteiften. Ihr Anblick soll furchterregend gewesen sein. Manche trugen Schnurrbärte, die den ganzen Mund bedeckten.

Bekleidet waren sie mit bunt gefärbten und bestickten Hemden. Sie trugen Hosen, die sie braces nannten und einen bunten Mantel, im Winter aus dikkem, im Sommer aus leichtem Stoff.

Als Kämpfer hatten sie furchtbare Waffen und führten Krieg in einem wahren Blutrausch. Manchmal rissen sie sich in der Kampfeswut die Kleider vom Leibe und kämpften in besinnungsloser Tollheit nackt. Den Feinden schnitten sie die Köpfe ab und hängten sie an ihre Gürtel oder nagelten sie an ihre Häuser. Sie waren strategisch begabt und griffen gerne unvermutet und überraschend an. Ihr Leben war einfach, sie schliefen auf Streu, aßen hauptsächlich Fleisch und huldigten ohne Scham oder Zurückhaltung der Männerliebe. Ihr Hab und Gut bestand aus Vieh und Gold, was beides beweglich und leicht zu befördern war.

Wenn sie nicht Krieg führten, betrieben sie Landwirtschaft. Sie liebten ein leichtes, heiteres Leben und tranken besonders gerne Wein, den sie manchmal mit Gold aufwogen. Ein ausgesprochener Sinn für Recht und diplomatische Formen war ihnen eigen. Sie hatten die Fähigkeit, in leichtherziger Weise in den Tag hinein zu leben, und was sie taten, war von Stimmungen abhängig und wurde nicht von klugen Erwägungen bestimmt. Ihr Wesen war jähzornig, abenteuerlustig, und sie konnten sich nur schwer beherrschen. Ihr Temperament war hitzig, es pendelte zwischen Extremen hin und her und neigte zu Maßlosigkeit.

Cäsar berichtet voll wachsamen Mißtrauens von religiös-politischen Versammlungen der Kelten. Soweit in Kürze die klassischen Berichte über die Kelten.

Der lange Aufenthalt der Römer in Gallien und ihre weite Ausbreitung in Europa hat einflußreiche Spuren hinterlassen. Die gallische Urbevölkerung und die Kelten in Gallien wurden romanisiert. Andere europäische Völker nahmen römische Rechts- und Staatsformen an.

Rom ging unter, als seine Zeit abgelaufen war. Vorher aber wurden die Römer noch einigen Keltenstämmen zum tragischen Verhängnis.

KAPITEL XVI

GEHEIMNISVOLLE STEINE IM NORDWALD

In der Mitte Europas, im Süden und Südwesten Böhmens, liegt ein riesiger, urwaldähnlicher Nadelwald. Es ist der Böhmerwald. Kleine Ausläufer dieses großen Waldes greifen in das benachbarte Bayern über, noch immer imponierend groß. Sie werden dort Bayrischer Wald genannt. Ebenso ist die Nordgrenze Oberösterreichs von diesem gewaltigen, auf Hügeln bis zu tausend Meter Höhe ansteigenden und die Täler erfüllenden Wald gekennzeichnet. Der Norden des oberösterreichischen Mühlviertels erhält durch ihn seinen Charakter. Es ist die von Adalbert

Stifter geschilderte Landschaft. Im Südosten Böhmens schiebt sich der Wald nach Niederösterreich herunter und gibt dem nordwestlichen Teil dieses Bundeslandes seinen Namen: Waldviertel. Bis in die Neuzeit hinein wurde das Gebiet kurz „der Nordwald" genannt. Das Volk sagte: der Heidengau.

Man weiß, daß sanfte, herrlich klare Gewässer dem goldglitzernden Sandgrund des Waldes entströmen; auch die Moldau, die sich erst nach einem großen Bogen entschließt, nordwärts zu fließen.

Im Waldviertel liegt die Wasserscheide zwischen Ostsee und Schwarzem Meer. Ein Stein mit Inschrift weist auf sie hin.

In diesem Gebiet gibt es auch noch eine landschaftliche Besonderheit. Es sind verschieden große, bis zu dreißig Meter hohe Granitblöcke, meist in Gruppen. Sie liegen meist auf bewaldeten Hügelkuppen verborgen, tauchen jäh und überraschend aus dem Waldesdunkel und erwecken, auch wenn sie einzeln und im freien Felde liegen, in ihrer unangreifbaren, granitenen Dauer forschendes Interesse.

Im Waldviertel hat es keine Eiszeit gegeben, wie die Geologen nachweisen. Die Blöcke sind daher Überreste der böhmischen Gesteinsplatte, die zur ältesten Erdkruste Europas zählt und in Urzeiten ein gewaltiges Gebirge gebildet hat. Verwitterung mag ihnen die heutige Gestalt gegeben haben. Viele von ihnen tragen auf ihrem Scheitel eigenartige, an Schalen erinnernde Vertiefungen, Gebilde von verschiedener Größe und Tiefe, zum Teil mit Wasser gefüllt. Von den wannenartigen Gebilden her werden diese Steine „Schalensteine" genannt. Sie gleichen zwei schalenförmig zusammengefügten Händen, die erwartend nach oben geöffnet sind, wie es Bettler tun oder Menschen, die durstend Schalen formen, um unter dem Brunnenstrahl zu trinken. Freilich sind die Steinschalen um vieles größer.

Für den Beschauer ist es offensichtlich, daß sie von Menschenhand sorgfältig, mit geeignetem Werkzeug aus dem harten Stein herausgearbeitet worden sind. Das Volk nennt sie Opfersteine und umgibt sie mit Aberglauben und Legenden. In einzelnen Fällen werden noch heimliche Körneropfer geübt.

Die Ansicht, daß sie heidnische Opfersteine gewesen sein dürften, wird durch die Tatsache erhärtet, daß die christlichen Missionare eifrigst versuchten, sie zu zerstören, damit die Stätte heidnischen Kultes unbrauchbar gemacht und in Vergessenheit geraten würde. Die Schalen können nicht so uralten Ursprungs sein, wie manche Forscher sie datieren wollen, sonst wäre die Erinnerung an die heidnischen Kulte zur Zeit der Christianisierung schon längst verblaßt gewesen und die Überlieferung verstummt. Das war jedoch keineswegs der Fall.

Unter dem Einfluß der Missionare wurden christliche Religionszeichen, Kreuze, Kapellen, Statuen auf oder neben den Schalensteinen errichtet, um ihnen die heidnische Bedeutung zu nehmen. Andererseits wurden sie von den Missionaren als Teufelssteine bezeichnet, um abschreckend zu wirken. Dort, wo man sie nicht aus dem Gedächtnis des Volkes entfernen konnte, wurden sie mit christlichen Legenden in Zusammenhang gebracht, meist mit einer Marienlegende.

Zur Zeit der Christianisierung lebten im Nordwald und seinem Umraum Germanen und Kelten. Eines dieser Völker nur kann der Erzeuger und Urheber der Schalensteine sein. Doch ist man sich keineswegs einig. Auch über den Zeitpunkt der Herstellung der Schalen auf den Steinen gibt es jahrzehntelange Meinungsverschiedenheiten, die auch jetzt noch nicht ausgetragen sind.

Einige der Meinungsträger wollen die Schalen als Verwitterungsprodukte ansehen, was schwer zu beweisen geht. Sie finden wenig Anklang mit ihrer Meinung. Zutiefst sitzt im Volk der Glaube an einstige heidnische Opfer bei diesen Steinen.

Vor einigen Jahren wurde tatsächlich in Oberösterreich bei einem Schalenstein ein altarähnlicher Steintisch, ein menschliches Skelett und das eines geopferten Stieres ausgegraben. Stieropfer wurden hauptsächlich von den Gallokelten geübt, Taurobolium genannt.

Die im ersten Jahrhundert nach Christus zahlreich in das Gebiet der Schalensteine eingewanderten Kelten könnten die Gepflogenheit des Tauroboliums mitgebracht haben.

Ein Forschungsbericht sagt, die Schalensteine seien stets in der Nähe von Siedlungen gewesen, was durchaus wahrscheinlich, aber nicht nachgewiesen ist. Jedenfalls müssen sich viele Menschen eifrig bemüht haben, die Schalen herzustellen.

Ich halte mich an die von Dipl.-Ing. Ernst Fietz, Linz, veröffentlichte Broschüre „Erzählende Steine". Er macht darin die Andeutung, daß der Antrieb zur Herstellung so vieler Schalen auf den landschaftsweit verbreiteten Steinen nur ein religiöser Impuls gewesen sein kann.

Es muß ein Volk von großer Dichte, erfüllt von

durchdringender Religiosität, gewesen sein. Es muß sich in einer Lage befunden haben, in der tiefste Not und Verzweiflung die Hilfe der Götter mit den zum Himmel geöffneten Steinschalen in leidenschaftlichem Flehen herbeischwören, ja herbeizwingen wollte.

Das einsame, strategisch ungünstige, wenig übersichtliche Gelände des Böhmerwaldes, in dem Kriege und Landnahme schwierig waren und sich nicht lohnten, dessen Unwirtlichkeit keine Beute versprach, bot für die Historiker wenig erwähnens- und aufschreibenswerte Ereignisse. Hier konnte man bloß Schutz, Versteck und Zuflucht finden, und das ist tatsächlich der Böhmerwald für ganze Volksstämme geworden.

Ein Hinweis auf diese dramatische Immigration findet sich bei Velleius Paterculus (Vell.Pat. II/108). Nach dem Sieg des Drusus im Jahre 9 n. Chr. über die Markomanen haben sich diese unter Führung ihres Königs Marbod in die nördlichen und böhmischen Wälder zurückgezogen. Marbod gründete dort ein Reich, in dem Völker und einzelne Menschen, die sich von den Römern absetzen wollten, Zuflucht fanden.

Die Kelten hatten damals begonnen, vor den Römern ins Exil zu flüchten, nicht nur zu Marbod, sondern auch zu westlichen und südlichen Germanenstämmen. Ein deutlicher, keltischer Einfluß ist um diese Zeit bei den Germanen nachzuweisen.

Besonders strömten Gallier, pannonische und norische Kelten in den von Marbod geschaffenen Staat und in seine Hauptstadt Radiŝtê bei Strakonitz ein. Jean Jacques Hatt, Professor an der Universität Straßburg, schreibt dazu:

„Den Beweis hierfür (nämlich der Einwanderung der Gallokelten bei Marbod) liefern uns die bei Strakonitz gefundenen Tonwaren, die jenen in Gallien ähneln, sowie Soldatenfibeln gallischen und panonischen Typs. Das Oppidum (die Stadt) Hradîŝtê scheint gleichsam von den aus Gallien, dem Norikum und Pannonien kommenden Auswanderern kolonisiert worden zu sein."

Eine Textstelle bei Tacitus bestätigt den von Velleius gegebenen Hinweis. Die Einwanderung der Kelten bei den Germanen kann als historische Tatsache angesehen werden.

Aufblühen, Ausbreitung und Bestehen einer rein gallischen La-Tènè-Kultur (La-Tènè V) in Böhmen und Mähren mit Ausstrahlung auf die Randgebiete weist eindeutig nach, daß die Gallier längere Zeit dort ansässig waren und nicht nur durchgezogen sind. Die La-Tènè-Kultur war nämlich um jene Zeit im übrigen Europa (mit Ausnahme Irlands) schon erloschen. Ihr plötzliches Aufleben, Blühen und Ausbreiten in den oben beschriebenen Gebieten kann nur mit der Einwanderung und Ausbreitung der Keltengallier erklärt werden.

Man fragt sich: Was hat die Auswanderung der Kelten aus den römisch beherrschten Provinzen verursacht? Was war geschehen?

Die Eroberung der Provinz Narbonensis durch die Römer war nicht so leicht gewesen, wie es manchmal dargestellt wird, denn sie begegneten in Gallien Königreichen von hochentwickelter Kultur. Cäsar fand in Gallien zwar keine Königreiche mehr vor, hatte aber jahrelang schwer zu kämpfen, bis schließlich durch die Niederlage des Vercingetorix die Eroberung der drei gallischen Provinzen abgeschlossen war.

Dieser Geschichtsabschnitt wird als der frühe galloromanische bezeichnet. Bis zum Jahre 10 n. Chr. konnten die Kelten im großen und ganzen ihren sozialen, wirtschaftlichen und politischen Status aufrecht erhalten. Die Römer wollten aus diesen reichen Provinzen Gewinn ziehen, und das konnten sie nur, wenn in diesen Provinzen verhältnismäßige Ruhe herrschte. Die Kelten wurden von Rom überwacht, zunächst aber nicht verfolgt und unterdrückt.

Mit der Eroberung Galliens erlosch keineswegs die gallische Opposition gegen Rom. Geschlossenen militärischen Widerstand gab es jedoch keinen mehr. Passiver Widerstand gegen die römische Verwaltung dürfte niemals ganz verschwunden sein und den Römern stets zu schaffen gemacht haben. Zu einer reibungslosen, allgemein fruchtbaren Zusammenarbeit kam es nicht. Die Gallier zeigten vielmehr Neigung, sich eher mit der autochthonen Bevölkerung zu verbinden denn mit den Römern.

Der einflußreichsten Volksschicht der Kelten, den Druiden, war in diesem Zeitabschnitt der Aufenthalt und die Ausübung ihrer Tätigkeiten gestattet.

Den weitaus größten Bevölkerungsanteil bei den Kelten stellten naturgemäß die Bauern. Die Römer machten große Anstrengungen, ihnen die ländliche Betriebsart des römischen Bauernhofes, des Fundus, aufzuzwingen. Es gelang nicht. Die Kelten behielten ihre Form der Landwirtschaft bei.

Im Gefüge des römischen Machtbereiches zählten unterworfene Völker nur nach ihren zivilisatorischen und militärischen Werten. Auf ihre Art, ihre Eigenschaften, ihr Wesen einzugehen, war Rom weder willens noch in der Lage.

Im ersten Jahrhundert nach Christus verschlechterten sich die Beziehungen zwischen Römern und Kelten. Verfolgungen seitens der Römer begannen. Die Druiden versuchten abzuwandern. Sie wollten die Stammeskraft erhalten. So zogen sie in schwach besiedelte, ländliche Gebiete: in die Ardennen, in das rheinische Schiefergebirge, in die Bretagne, in die Pyrenäen, in einsame Gebirgstäler, alles Siedlungsgebiete, die Einwanderern viele Härten entgegensetzten. Manche Stämme hatten Glück und konnten dort bleiben, wo sie Zuflucht gefunden hatten und lebten mit der ursprünglichen Bevölkerung weiter.

Weil die Kelten allgemein als widerstandsfreudig und kämpferisch bekannt waren, wurde ihr teilweise so gefügiges und widerstandloses Zurückweichen von manchen Geschichtsschreibern nicht verstanden und unterschiedlich interpretiert. Die Römer selbst bezeichneten die gefügigen norischen Kelten als besonders vernünftig. Doch dieses bewußte und geplante Zurückweichen war Überlebenstaktik, keineswegs ein Sichaufgeben. Vielleicht fühlten die Kelten noch den Auftrag, weiterzuwirken, obwohl ihre Sternenzeit, ihr Weltenmonat vorbei war.

KAPITEL XVII

DRAMA AM RANDE DER GESCHICHTE

Unter Kaiser Tiberius kam die dramatische Schicksalswende für die Kelten. Heftige Verfolgungen begannen. Tiberius sah besonders in der Tätigkeit und dem Einfluß der Druiden eine politische Gefahr und die Ursache für das unerschütterliche Beharrungsvermögen keltischen Wesens. Um den Kelten die geistige Führung endgültig zu nehmen, wurde eine erbarmungslose Verfolgung der Druiden eingeleitet. Wer einen Druiden verbarg, ihn nicht den Römern auslieferte, ihm weiterhalf, ja, wer nur den Namen eines gesuchten Druiden wußte, wurde getötet, seine Sippe ausgerottet, das Vermögen eingezogen.

Durch die Ausrottung der Druiden blieben die Kelten ohne geistige Führung und waren gezwungen, ein Leben zu führen, in dem die Verrichtung keltischer Weiheriten und Bräuche nicht oder kaum mehr möglich war. Das Gefühl des Einsseins mit den Schöpfungskräften, ihre Existenzgrundlage, wurde zutiefst erschüttert, weil ihnen der Zugang zu ihrem innersten Lebenssinn brutal versperrt wurde. Der Mensch muß aber mit den Kräften des Ursprungs verbunden bleiben, will er überleben, ob er dies weiß oder nicht, ob er sie Götter oder Naturweisheit nennt.

Wer es nicht selbst erlebt hat, was es bedeutet, in der absoluten Gewalt einer Eroberungsmacht zu sein, die von ihrer Zivilisation her die Werte des unterworfenen Volkes verachtet und verwirft, der kann sich kaum vorstellen, welche innere Verkrüppelung und welche Grausamkeiten ein so unterdrücktes Volk erleidet. Es vegetiert in stumpfer Hinnahme des Zustandes eines Nichtseins dahin, behindert, es selbst zu bleiben.

Das Bild seines eigenen Wesens verblaßt ihm allmählich, fremde Denkweise und Vorstellungswelt nisten sich ein und schaffen die Grundlage zu einer mehr oder minder umfassenden Wesenswandlung.

Was die Kelten daher am meisten in Schrecken versetzte, war nicht die dauernde physische Bedrohung, der sie mit Abwehr und Mut begegnen konnten, sondern die Furcht, das eigene Wesen zu verlieren. Diese Furcht beherrschte sie gänzlich, ihren Alltag, ihre Ritualfeiern. Der Verfall aller bisherigen

Werte drohte. Die Türe zur „anderen Welt" schien zugefallen, die wahren Götter verschwunden.

Wir wissen aus der Geschichte, daß manche Völker vor solcher Bedrohung ihr Land verlassen haben und in eine neue Heimat gezogen sind, wo sie sich ungehindert religiös entfalten und seelisch entwickeln konnten. Die Wesenswandlung der Kelten, von den Römern gerne gesehen, trat ein und zeitigte nachhaltige Folgen. Die einst so stark empfundene Volkseinheit der Kelten zersplitterte. Korruption, Verrat, Kollaboration wurden alltägliche Vorkommnisse, ja, die Sprache verlor ihre Ausdruckskraft und verfiel, wurde in Teilbezirken sogar vergessen.

Diese Verfolgungs- und Verfallsperiode wurde überwunden, brachte aber Veränderungen.

Vielleicht geschah dies mit Hilfe des weiblichen Elements, verkörpert in den Priesterinnen, welche die Stelle der fehlenden Druiden einnahmen. Die Religionskraft der Kelten *mußte* einfach geistig führende und zu den höheren Mächten Verbindung schaffende Menschen haben, die Riten vollziehen konnten, ohne die ihr Dasein leer und nicht lebenswert gewesen wäre. Es war gewiß nicht schwierig, die Verehrung der vielen Göttinnen der Gallokelten den Priesterinnen, Wahrsagerinnen und geistigen Beraterinnen anzuvertrauen.

Jedenfalls lebten nach zweihundert Jahren der Verfolgung die alten Göttervorstellungen wieder auf, und im 3. Jahrhundert nach Chr. traten auch die Druiden wieder aus dem Dunkel der Verfolgungen in das Licht ihrer früheren Stellung und Tätigkeit.

Jetzt aber, im ersten Jahrhundert nach Christus, in der ausbrechenden, erbarmungslosen Verfolgung, in der Verlassenheit und im Niedergang, sahen manche keltische Menschengruppen keine andere Überlebensmöglichkeit als Auswanderung oder Flucht.

Auf der Suche nach einer neuen Heimat wurde auch der Wunsch zur Suche nach den einstigen Ahnen geboren. Die Barden begannen von dieser alten Heimat zu singen und zu erzählen, von dem Lande der Voreltern, vom Glanz und Aufstieg des Volkes und seines Gestirns. Diese Vorstellungen nahmen feste Gestalt an und wiesen schließlich die Zielrichtung des Wanderweges.

So begann der Rückstrom in das germanische Reich Marbods auf der böhmischen Platte.

Wie erschütternd die verzweifelte Landsuche der flüchtenden Kelten auch war, sie wird nur am Rande der Geschichte vermerkt.

So wird vom Stamm der Ruteni weitererzählt, daß er, aus dem Südwesten Galliens kommend, ganz Gallien in Richtung Ost durchquerte, anschließend die germanischen Gebiete und erst in den Karpaten eine neue Heimat gefunden habe. Dort in den Waldbergen wurde ein erfolgreiches und aufblühendes Hirtenreich begründet und ist nicht nur durch die schönste folkloristische Männertracht, sondern besonders durch die besten und schönsten Schafpelze Europas berühmt geworden.

Wer sich mit dem Schicksal eines wandernden Volkes befaßt, das über einen ganzen Kontinent hinwegzieht, eine bestimmte Zielrichtung vor Augen, wer im Geiste mit diesem Volk mitwandert, der wird sich wohl früher oder später die Frage stellen, wie dieses Volk bei den Wanderungen sich zurecht fand, seine Richtung einhielt, da es keine Hinweise gab, keine

Anpeilmöglichkeiten, keinen Kompaß. Naturgemäß sucht man nach groben Richtzeichen in der Natur, nach örtlichen Merkmalen, wie aufragende Bergspitzen, Felszacken, erkennbare Aussichtsplätze. Diese, so sagen einige Forscher, seien Richtzeichen gewesen, Ortungen. Zudem habe ein naturverbundenes Volk sichere Richtzeichen an den Gestirnen.

Wie aber, wenn diese tagelang durch Wolken oder wochenlang durch Nebel verhangen sind?

Weitersuchend überrascht es den geduldig Forschenden nicht, wenn er daraufkommt, daß die Kelten sich anderer, sichererer Richtlinien zu bedienen wußten, die verläßlich stets auf ihren Wegen zu finden waren.

Die Orientierung geschah mit Hilfe richtungsweisender Pflanzen (Kompaßpflanzen). Unscheinbar und doch stets auf und neben ihren Wegen vorhanden, standen und blühten sie, greifbar, ablesbar und es bedurfte nur geringer Unterweisung, um die gewünschte Wanderrichtung abzulesen. Hier soll Näheres über diese unauffälligen, aber sicheren Wegweiser gesagt werden. Da ist die allgemein bekannte Wegwarte (Cigorium intibus), welche die Längsachse ihrer Blätter nach Norden und Süden und die Blattfläche senkrecht einstellt. Besonders deutlich ist dies beim wilden Lattich (lactus scariola) zu erkennen, den man in unseren Breiten auf Schutthalden blühend sieht. Da haben wir auch das Pfeilkraut, ein Froschlöffelgewächs, das man überall in Mitteleuropa an Gewässern antreffen kann. Es wird über einen Meter hoch und blüht rötlich weiß. Seine senkrecht über dem Wasser stehenden Blätter drehen immer nach Nord-Südrichtung, auch wenn der Standort gewaltsam geändert wird. Mit Hilfe dieser Kompaßpflanzen haben die flüchtenden Kelten auf ihrer dramatischen Wanderung in ihre Urheimat zurückgefunden.

Besonders zahlreich wanderten die Gallokelten in Marbods Reich ein. Es muß für sie, die nach der Urheimat strebten, eine herbe Enttäuschung gewesen sein, als sie diese von einem anderen Volk besetzt fanden. Doch Marbod nahm sie auf, freilich unter der Bedingung, daß sie sich selbst versorgten, denn sein Gebiet war rauh und ertragsarm, die Landwirtschaft nicht hoch entwickelt. Sicher waren die Einwanderer am Rande der Verzweiflung, doch sie waren tüchtige Bauern und den Anforderungen gewachsen. Sie brachten die in ihrer La-Tènè-Kultur entwickelten neuen Geräte mit, den fahrbaren Pflug, den die tüchtigen keltischen Wagner erfunden hatten, die erste Mähmaschine sowie Sensen. Diese Geräte ermöglichten eine Ausweitung der Landwirtschaft, die leichte Gewinnung von Heu. Das bedeutete, daß sie durch die nun vermehrte Großviehhaltung die Ernährungsgrundlage ihres Volkes sichern und verbessern konnten. Die notwendigen Bebauungsflächen und Wiesen schufen sie durch Rodung. Damals schon mußte die erste große, weitgehende Rodung der böhmischen Wälder, also auch des Nordwaldes, erfolgt sein, der bedeutende Menschenmengen von diesen Immigranten aufgenommen haben muß. Wäre diese Großrodung damals nicht erfolgt, so wären die Einwanderer rasch verhungert und untergegangen. Unmöglich hätten sie dann ihre La-Tènè-V-Kultur später in Mähren und Böhmen aufblühen lassen können.

KAPITEL XVIII

GÖTTERSUCHE

Die einwandernden Kelten hatten ihre Lebensgrundlage in der neuen Heimat geschaffen, doch standen sie da mit leeren Seelen und ungesättigtem Geist, mit spärlichen oder gar verlorenen Bindungen zur „anderen Welt", mit vereinsamten Herzen. Sie waren eine Schar verzweifelter Inbrünstiger, „von denen jeder Einzelne und alle gemeinsam nichts anderes sein wollten als Ausübende einer übergeordneten Macht". Zu dieser Macht mußten sie wieder vordringen, bei ihr Zutritt erlangen, dem Unfaßbaren wieder gegenüberstehen, Empfangende eines undurchschaubaren, höheren Willens zu sein.

Solche geistige Verfassung schuf wohl den Boden, aus dem sich nun, als Ersatz für die fehlenden Druiden, die Gestalten der weiblichen Priesterinnen, Deuterinnen, Wahrsagerinnen und Beraterinnen entwikkelt haben mögen.

Es ist dies ein erstaunlicher Vorgang, denn die Frau hatte in der Gemeinschaft der Kelten ihre hervorragende Stellung als Gebärerin, als Trägerin der Stammeskraft. Wir treffen denn auch im örtlichen Umkreis des Nordwaldes oftmals weibliche Wesenheiten mit den keltischen Namen Ein*bet*, Wil*bet* und War*bet*, die eine Art heiliger Frauen gewesen sein müssen und in zahlreichen Namensgebungen im Gebiet der Eingewanderten erhalten sind. Ihre Endsilbe *Bet* machte sie zu populären *Betel*weibern, was aber keineswegs auf bettelnde, gabenheischende Weiber hindeutet.

*Betel*haus, *Betel*weibsteig, *Betel*stein, *Betel*weibberg erinnern namentlich an sie.

Wenn man einem der heute bekannten Betelweibsteige oder Wege folgt, wird man daraufkommen, daß sie meist von einem früheren Kultplatz, oft gekennzeichnet durch einen besonderen Stein, ausgehen und zu einer anderen, oft stundenweit entfernten, ehemaligen Kultstätte führen. Häufig sind diese zu christlichen Marienheiligtümern und Wallfahrtsorten geworden.

Das überrascht nicht, denn schließlich waren es ja in den Jahrhunderten der druidenlosen Zeit weibliche Mittlerinnen, welche die geistige Führung hatten und es im Gedächtnis des Volkes geblieben sind. Es war für die aufsteigende geistige Kraft des Christentums nicht schwer, an Stelle der heidnischen weiblichen Göttinnen und Helferinnen christliche weibliche Gestalten zu setzen; die beweglichen, aufnahmebereiten Seelen der keltischen Bevölkerung duldeten keine geistige Leere.

Ein leicht begehbarer Kultweg (heute noch benutzt) führt unter dem Namen *Betel*weibsteig von Altenmarkt im Yspertal über die Wälder des Ostrong und die bedeutende Wegkreuzung des „roten Kreuzes“ nach Maria Taferl, einem seit Jahrhunderten vielbesuchten Marienwallfahrtsort. Dort war ursprünglich ein keltisches Quellenheiligtum, wahrscheinlich auch eine Kultopferstätte. Ein alter Altarstein aus heidnischer Zeit, die sogenannte „Tafel“, die dem Ort den Namen gab, liegt heute noch als heidnischer Opferstein vor der christlichen Basilika.

Die stürmische keltische Suche nach den verlorenen oder verblaßten Göttern ließ sie auch die Altäre finden, die sie für ihre Gebete und Opfer brauchten. Es waren die auffallenden mächtigen, die Phantasie anregenden Granitblöcke, die sie wie in ihrer alten Heimat vorfanden, würdige Altäre, für ihre Götterkulte wie geschaffen. Mit Schalen versehen wurden sie zu Opfersteinen.

Dazu muß man wissen, daß die Schale den Kelten ein heiliges Gefäß war. In Schalen wurden den Göttern Ernte und Fruchtopfer dargebracht, in Schalen wurde das Blut der Opfertiere aufgefangen; Schalen nahmen sie zur heiligen Quelle mit. Sie wuschen sich dort nicht direkt mit Quellwasser, sondern schöpften das Wasser in die Schale, aus der sie tranken und sich Gesicht und Hände netzten. Eine direkte Waschung in der Quelle hätten sie als Sakrileg empfunden. Der

Trunk und die Waschung geschahen rituell, und die Ausübenden empfanden sie als Wandlung ihres Wesens, was ausdrücklich hervorgehoben wurde.

Keltischer Geist hat sicher die Taufschalen inspiriert, aus denen die christlichen Taufbecken entstanden und noch zum Teil aus sehr alter Zeit vorhanden sind.

Das Unnennbare, Ewige ist nach dem Glauben der Kelten stets vorhanden, aber es muß gefaßt werden in ein Maß, „damit es nicht durch seine Unnennbarkeit unfaßbar bleibe und sich schrankenlos verströme".

Hierin liegt der Grund zur Vorstellung des heiligen Grals, die zwar nach der Christianisierung, aber als rein keltische Sage entstanden ist. In dieser heiligen Schale, so glaubten die christianisierten Kelten, sei das Blut Christi der Menschheit symbolisch erhalten geblieben.

Bis tief ins Mittelalter hinein war diese Sage weitherum bekannt, und der heilige Gral genoß hohe Verehrung. Die höchste musikalische Verherrlichung fand diese Sage durch Richard Wagners Parsifal. In dieser Weiheoper bilden zwei keltische Sagen und christliche Elemente zusammen den Inhalt.

AUSKLANG

Es besteht kein Zweifel, daß es die Kelten und ihre unmittelbaren Nachfahren waren, die den geistigen Raum für die Christianisierung Europas geschaffen haben, denn in fast jedem europäischen Land sind keltische Impulse mehr oder minder lebendig, mehr oder minder wahrnehmbar oder auch verborgen wirksam, wie die Wuchskraft eines Samens.

Mit dem Jahre Null unserer Zeitrechnung war die Widderzeit vorbei, das Sternzeichen der Kelten untergegangen. Ein neues Sternzeichen, das der Fische, übernahm damals die nächsten zwei Jahrtausende. Sie sind nun zu Ende.

Man fragt sich: wo sind die gewaltigen Energien der Kelten geblieben, die sie in ihrem leidenschaftlich geübten Ritual und ihren frommen Verzückungen verströmt haben? Was ist aus ihnen geworden? Wo sind sie am Werke? Wie kommen sie zum Ausdruck?

Diese Energien sind noch existent und erwarten die Aufnahmebereitschaft jener, die sie erkennen, in die Tat umsetzen und in die Zukunft einbauen können. Politiker, Künstler, Wissenschaftler oder wieder erdgebunden gewordene Bauern.

Wir stehen jetzt eben im Aufgang eines neuen Weltenmonates unter dem Sternzeichen des Wassermannes. Wir wissen nicht, was es uns bringen wird. Können uns die Kelten Hilfe sein? Ihre geistige Haltung, ihr modernes Denken, ihre Natureingebundenheit findet in der heutigen Zeit ein Klima der Aufnahmebereitschaft. Wohl bedarf es zum vollen Integrieren genialer Interpreten.

Wir brauchen Führung und Lehrerschaft, denn die seelische Verarmung des Menschen hat sich in der materiellen Welt vertieft, ebenso die Fremdheit zwischen dem Menschen und den Schöpfungskräften. Wir fühlen uns in der von uns geschaffenen Zivilisation nicht mehr wohl. Mehr noch, sie wird zu unserem Feind. Nicht Weisheit, sondern der Intellekt hat sie hervorgebracht; jedoch hat er weder die Probleme vorhergesehen, noch beherrscht er sie. Dennoch läßt der Stand der heutigen Naturwissenschaft an einen beständigen Fortschritt glauben. Sie hat in wenigen Jahrzehnten grundlegende Begriffe umgestürzt: über Raum und Zeit (Relativität) über Kausalität (Quantentheorie) über Stoff und Materie (Atomphysik). Außerdem hat sie neue Denkmethoden entwickelt, die Anwendung auf verschiedensten Gebieten finden.

Die Naturwissenschaft der vergangenen Jahrhunderte hatte die Neigung, alle Wahrnehmungen, die außerhalb unserer Sinnesempfindungen liegen, verächtlich zu machen. Glücklicherweise entfernen sich die heutigen Wissenschaften teilweise von diesem Standpunkt und bringen auch dem Bereich des Unbekannten Anerkennung und Achtung entgegen. Die kausale Betrachtungsweise, die sich in einer Kette von Ursache und Wirkung erschöpft, büßt in der Forschung schrittweise ihren Rang ein. Viele Schranken sind gefallen.

Vielleicht ist es dem Menschen heute als Aufgabe gestellt, aus dem engen, geistigen Umraum, in den er hineingeboren ist, auszubrechen, zu einem fernen Bezirk von Lebensmöglichkeiten, den er noch nicht kennt, ja gar nicht ahnt; hineinzuwandern in die zweitausend Jahre eines neuen Weltenmonates im Tierkreiszeichen des Wassermannes; in unbekannte Bereiche vorzudringen, mit Hilfe neuer Methoden neue Dimensionen zu entdecken.

BIBLIOGRAPHIE

K. Bittel,	Die Kelten in Württemberg, Berlin 1934
F. Boas,	Dynamische Botanik, München 1949
G. J. Caesar,	De bello gallico, (51 v. Chr.)
A. Carell,	Der Mensch das unbekannte Wesen, o. A.
E. Dacque,	Aus der Geschichte der Erde und des Lebens, München und Berlin, 1936
ders.,	Die Urgestalt, Leipzig 1940
P.M. Duval,	Les Dieux de la Gaule, Paris 1957
F. Fietz,	Erzählende Steine, Linz 1980
H. Fischer,	Aberglaube oder Volksweisheit, Leipzig, o.J.
H. Frieling,	Unser naturwissenschaftliches Weltbild und der Mensch, Freiburg, 1949
H. Fritsche,	Zusammenhänge zwischen Kosmos und Mensch, Erfurt, 1940
H. Fischer,	Auf der Fährte des Schicksals, Bad Harzburg, 1928
J. Gebser,	Schamanengeschichten, München 1955
A. Grenier,	La Gaule celtique, Paris 1945
R. Hartmann,	Totenkult in Irland, Leipzig 1958
J.J. Hatt,	Kelten und Galloromanen, Genf 1970
G. Hegi,	Illustrierte Flora von Mitteleuropa, München 1927
G. Herm,	Die Kelten, Düsseldorf und Wien 1975
Herodot	Historien (500 - 424 v. Chr.)
H. Hubert,	Les celtes et l'expansion celtique, Paris 1932
G. Jakobi,	Ausgrabungen in Manching, Wiesbaden 1971
L. Jakobsthal,	Early Cletic Art, Oxford 1944
G. Lakovsky,	Das Geheimnis des Lebens, o. A.
L. Lengyel,	Das geheime Wesen der Kelten, Freiburg 1976
T. Livius,	Die Geschichte Roms seit seiner Gründung (59 v. - 17 n. Chr.)
K. Lukan,	Alpenwanderungen in der Vorzeit, Innsbruck 1981
R.A.St. Macalister, Hrsg.,	Leabhar na Gabhala, Dublin 1916
Th. Mommsen,	Römische Geschichte, Berlin 1923
K. Müller-Lisowski,	Irische Volksmärchen, Düsseldorf und Köln 1957
S. Pigott,	The Druids, London 1968
M. Planck,	Religion und Naturwissenschaft, Leipzig 1938
J. Pokorny,	Keltologie, Bern 1935
ders.,	Altkeltische Dichtung, Bern 1944
I. Rauter,	Das Waldviertel, Produktionsgebiet des norischen Eisens, Zwettl 1981
A. Scherer,	Die Urheimat der Indogermanen, Genf 1970
W. Schrödter,	Pflanzengeheimnisse, o. A.
F. Sieburg,	Portugal, Bildnis eines alten Landes, Frankfurt 1937
Th. Stephen,	Literature of the Kymry, Landovery 1949
R. Thruneysen,	Sagen aus dem alten Irland, Berlin 1901
J. von Üxküll,	Die Lebenslehre, Potsdam 1930
J. de Vries,	La Religion des Celtes, Paris 1963

Christian Rätsch
Bilder aus der unsichtbaren Welt
Zaubersprüche und Naturbeschreibung bei den Maya und Lakandonen
verlegt bei Kindler